프로바둑강좌 · 중급이상 6

한집 만들기
한집 없애기

9단 高木祥一 지음
프로바둑연구회 편

太乙出版社

머리말

유단을 목표로 하는 아마추어에게 있어서는 가장 큰 결함이 사활에 대한 정확한 인식이 없다는 점이다.

일반적으로 반상의 귀나 변의 기본형에 대하여 삶과 죽음의 수를 알고 있어야 함에도 이것을 지극히 도외시 하고 있다.

이 책에서는 사활의 유형에 따라 학습을 할 수 있게 체계적으로 분류하여 설명하였다.

사활에 따른 맥의 사용이나 수순 등을 크게 이해하기 쉽게 분류·편집을 하였다.

사활을 익히고 공부하는데 훌륭한 지침서가 될 것을 믿어 의심치 않는다.

저자 씀

차 례 *

제1장

귀에서의
삶과 죽음

8

제 1 형 백선

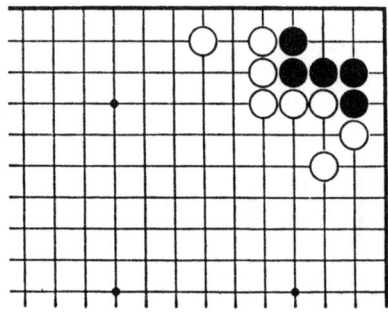

귀의 사활의 기본형의 하나이다.

자주 나타나는 모양으로 한눈에 살고 죽음을 판단해야 한다. 정확한 훈련이 필요하다.

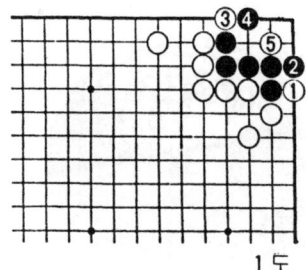
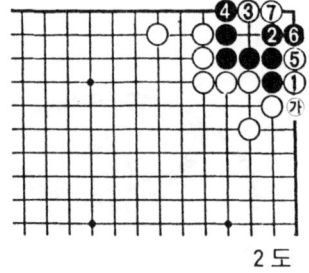

1 도   2 도

1 도(정확한 수순) 이런 모양에서는 어떻게 둘까.

바깥에서부터 조임이 원칙이다. 백 1, 3 의 수순이 최선이다.

2 도(자연) 흑 2 에는 백 3 의 치중이 자연적인 급소가 된다. 백 7 까지 — ·

계속하여 흑㉮이면 1 의 곳을 먹여친다.

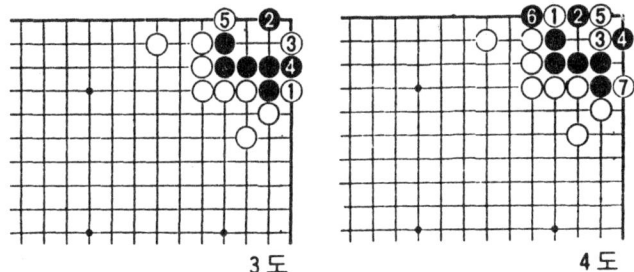

3 도   4 도

3도 (2의 1의 급소) 흑2에는 3이 급소. 흑4로 막을
때 반대쪽을 젖힌다.

4도 (백1도 죽음) 이 모양에서는 백1의 젖힘도 죽는
다. 제1형은 최초로 한 수 한수가 정녕 생각나게 한다.
죽이는 방법이다.

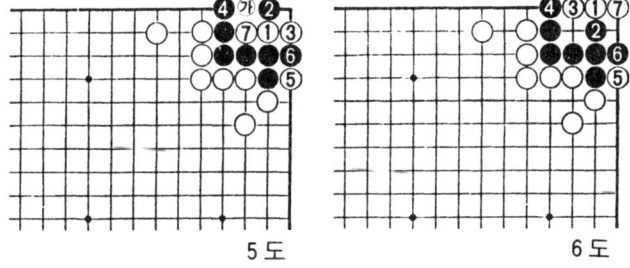

5 도   6 도

5도 (중앙도 죽음) 백1로 두어도 죽는다. 흑2는 패
를 엿보는 수단이다.

백3 대신 ㉮는 흑3으로 패다. 백5 대신 7은 흑5로 삶
에 주의.

6도 (귀곡사) 백1 이하 7 까지 귀곡사의 형태이다. 이
것은 죽은 모양이다.

10

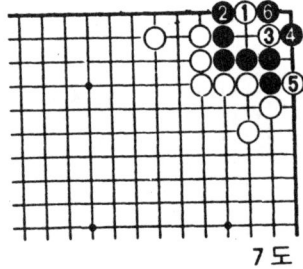 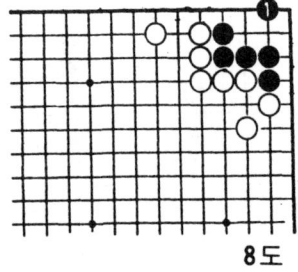

7도   8도

7도(나쁜 예) 마지막으로 죽지 않은 예이다.

백1이 악수로 이하 6까지 패이다.

백3으로 5는 흑6으로 무조건 산다. 이 제1장은 좁은 방법에서의 1도가 최선이다.

수순에 주의해야 한다.

8도(흑선이면) 흑이라면 1로 산다.

제2형 백선

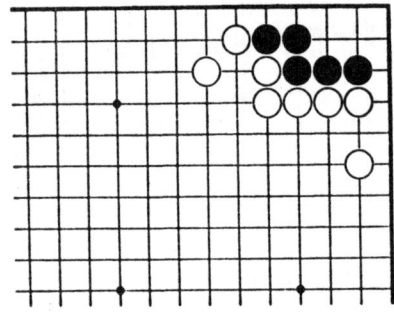

제1형과 같은 모양인데 좌변으로 한발 더 전진하였다.

이것도 간단히 죽는다.

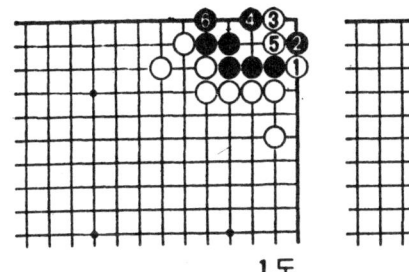 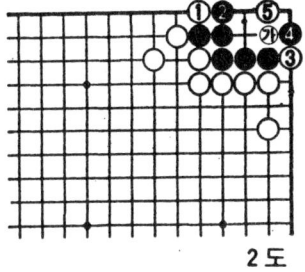

1 도   2 도

1 도(실패) 이런 모양에서 1의 젖힘은 실패이다. 흑
2 의 막음에 백 3 은 절대. 흑 6 까지 한 집이 확보된다.
백 1 이 악수이다.

2 도(바른 수순) 백 1 의 젖힘이 정착이다.

백 5 까지 5궁도화. 1 로 ㉮도 죽는다.

제 1 형 1 도의 백 1 도 같다.

제 3 형 백선

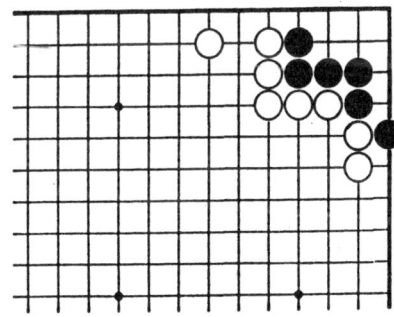

제 1 형에 흑
의 젖힘이 있다.

이 젖힘의 죽
이는 방법에 영
향준다.

이것에는 미
묘한 차이가 있
다.

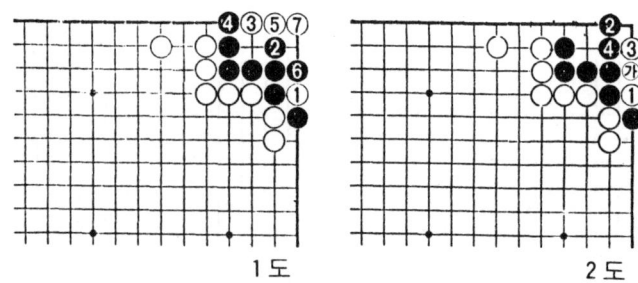

1 도   2 도

1 도 (백 1 흑 2 악수) 백 1 의 먹여치기는 악수이다. 흑 2 는 이하 7 까지 귀곡사의 형태.

2 도 (실패) 백 1 에는 흑 2 가 맥이다. 이하 흑 4 까지. 다음에 ㉮의 잇는 수는 성립하지 않는다.

젖힘의 수단은 다음 도에서— .

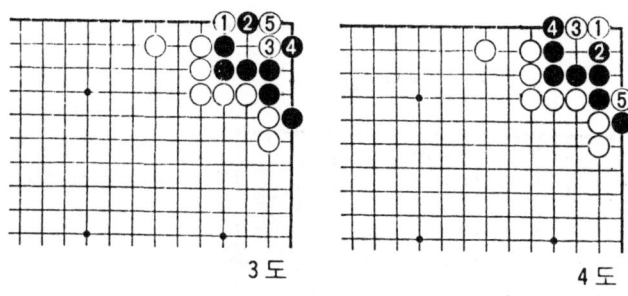

3 도   4 도

3 도 (정해) 백 1 의 젖힘이 정수이다. 백 5 까지   죽는 모양이다.

4 도 (같은 죽음) 백 1 로 두어 5 까지 죽는다.

1 도와 같은 모양이다. 3 도의 귀곡사의 모양을   피한다.

바깥 쪽에서 조이는 3 도의 수순이 정수이다.

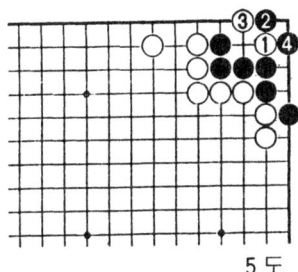 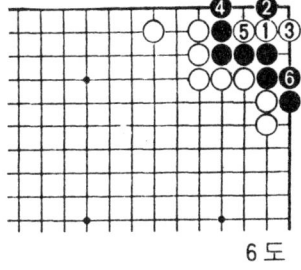

5 도   6 도

5 도(패) 같은 중앙이라도 백 1 은 실패다.

흑 2 가 호수여서 4 까지 패이다.

6 도(삶) 이것은 패를 피하여 백 3 으로 빠지는 결과다.

흑 4, 6 까지 크게 산다. 젖힘의 효과가 역연하다.

제 1 형과 제 3 형의 젖혀있음을 유의하라.

제 4 형 백선

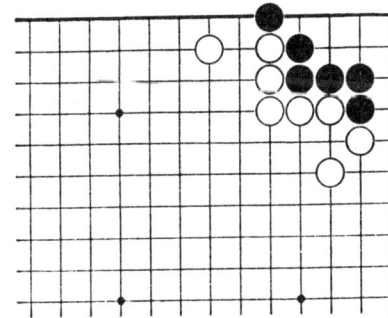

반대의 방향에 흑이 젖혀있는 모양이다.

최초의 수가 사활을 가름하는 길이다.

삶과 죽음의 감각을 양성해 보자.

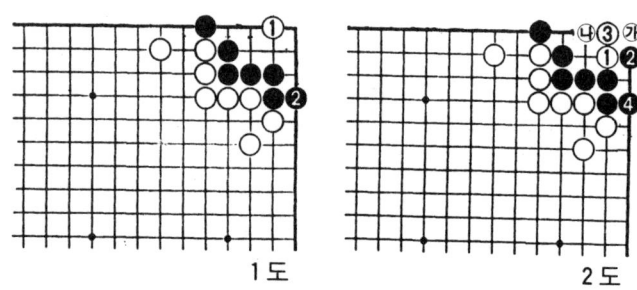

1 도   2 도

1도(넓다) 급소가 백1의 치중인가? 흑2로 넓게 키우는 수.

죽임을 당하게 하는 원칙의 요령을 알아야 한다.

2도(삶) 백1도 악수이다. 이것은 흑2, 4로 산다. 계속하여 백㉮는 흑㉯로 조인다.

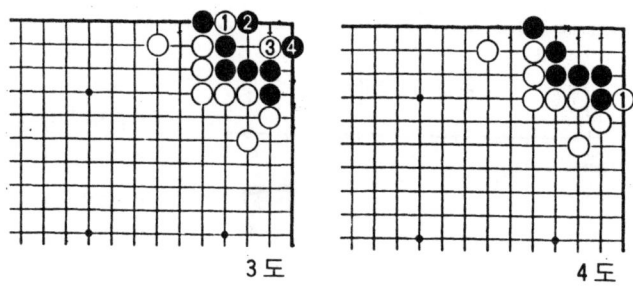

3 도   4 도

3도(실패) 백1의 먹여침은 어떨까?

이것은 4까지 간단히 산다. 1〜3도는 모두 다 실패도이다.

4도(정해) 백1이 정해이다.

다음에 흑이 두는 방법은 뻔하다.

제3형의 3도와 본도를 비교하여 보라.

제 5 형 백선

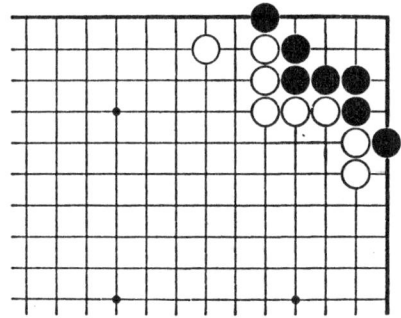

이것은 양쪽에 젖힘을 한 모양이다. 백의 공격에 쉽게 죽지 않은 것은 양젖힘의 위력이다.

변화를 생각하여 보자.

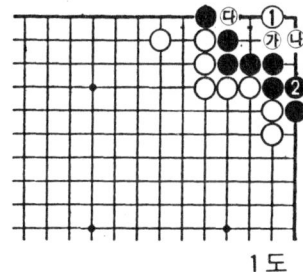

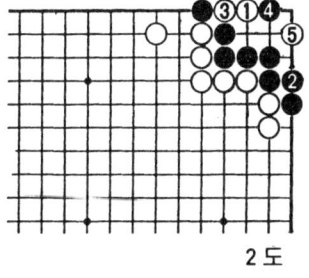

1 도   2 도

1도(간단) 백1은 혹2로 간단히 산다.

백1로 ㉮는 혹㉯이다. 이외에 2의 곳 먹여침은 ㉰의 곳을 이어서 산다. 배워둘만한 곳이다.

2도(급소) 백1이 첫번째 어려운 곳이다.

모양의 급소이다. 패를 노리는 수단이다. 혹2는 백5까지 살지 못한다.

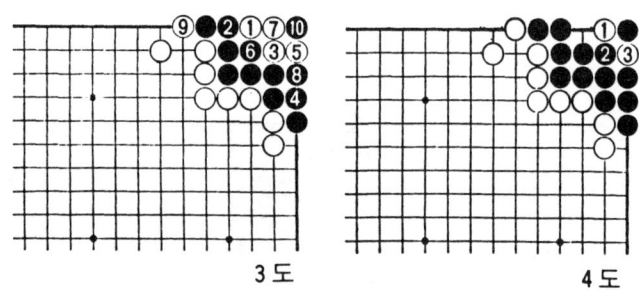

3 도   4 도

3도(변화) 흑은 2의 한 수. 이에는 백3의 저항이 최강이다. 백3으로 4는 흑7까지 산다.

4도(패) 4점을 따고 난 다음, 백1로 단수를 하면 흑2로 단수하여 결론은 패이다.

이것은 흑의 실패이다.

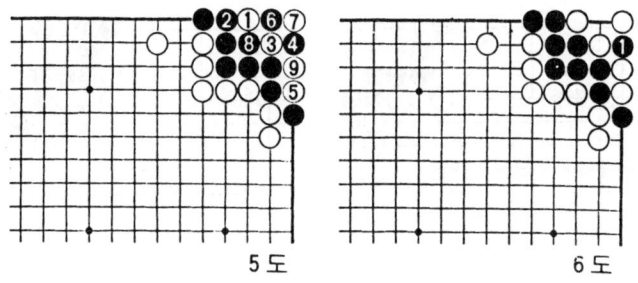

5 도   6 도

5도(묘수) 흑은 4의 젖힘이 좋다. 백은 5의 미는 수가 한수. 여기에서 흑6, 백7까지 패가 남을 볼 수 있다. 흑8의 단수가 묘수이다. 백9로 1점을 따지 않을 수 없다.

6도(계속) 흑은 1로 2점을 때린다.

본도의 흑1은 5도의 10집이다.

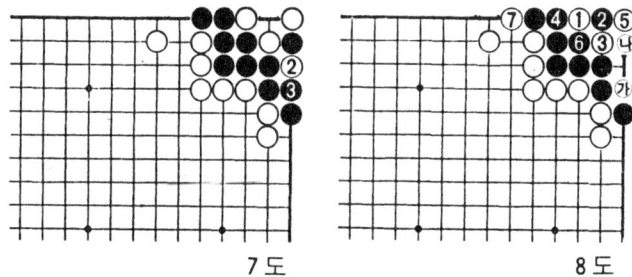

7 도   8 도

7 도(양패) 계속하여 2 로 때리면 흑 3 으로 이어 양패이다.

이것은 백선 흑생의 제 5 형의 결론이다.

8 도(패) 흑 2 는 악수이다. 백 7 까지 한 수 늘어진 패를 피할 수 없다. 7 로 ㉮의 곳 먹여침은 흑㉯로, 5 도 ~7 도와 같다. 백 7 은 냉정한 호수이다.

제 6 형 백선

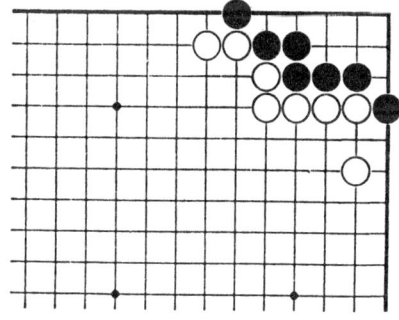

같은 양젖힘이지만 차이가 있다.

제 2 형의 모양과는 한발의 차이가 있다.

물론 무조건 죽지 않는다.

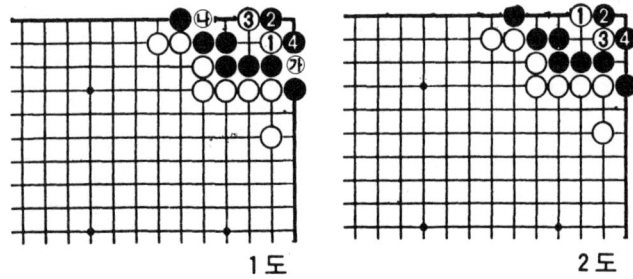

1 도 2 도

　1도(정해) 백1이 맥. 흑도 2의 수가 준비되어 있다. 4까지 패가 결론 백1로 ㉮, ㉯는 쓸데없는 손질.
　2도(같은 맥) 백1의 치중은 1도와 똑같은 곳으로 패가 난다.
　1도와 2도의 수순이 바뀌었다.

제 7 형 백선

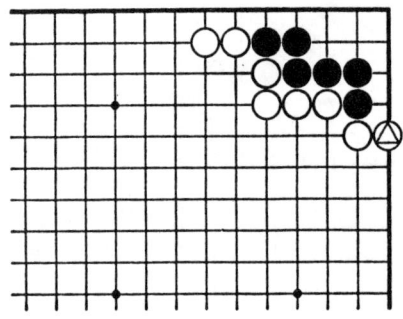

　지금까지 여러가지의 모양을 비교하여 보았다.
　백△표로 내려서 있는 곳이다.
　이점이 크게 좋은 수인데 어디가 급소일까?

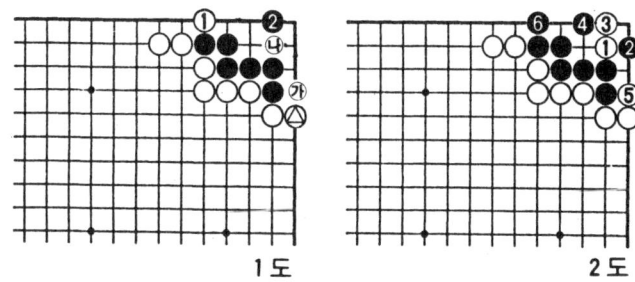

1 도   2 도

1도 (무위) 백1로 바깥쪽에서 공격하는 것은 흑2로 알기쉽게 산다. 백1로 ㉮는 흑㉯이다. 백△표의 내려섬이 십분 발휘한다.

2도 (실패) 백1의 붙임이 급소이다.

흑2에 3은 실패이다. 흑4 다음 5와 6이 맞보기로 산다. 흑2로 3은 백4로 패이다. 백3은 공부가 부족하다.

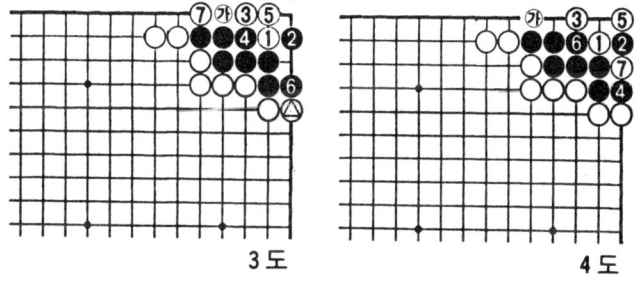

3 도   4 도

3도 (자충) 백1, 3이 유일한 공격 수단이다.

흑4, 6으로 무조건 살고자 할때 백7은 자충을 노리는 수이다. 백△표의 움직임이 크게 빛을 발한다.

4도 (끝내기 패) 4는 당연한 수.

이하 7까지 패이다. 이것은 수순이 좋지 않다.

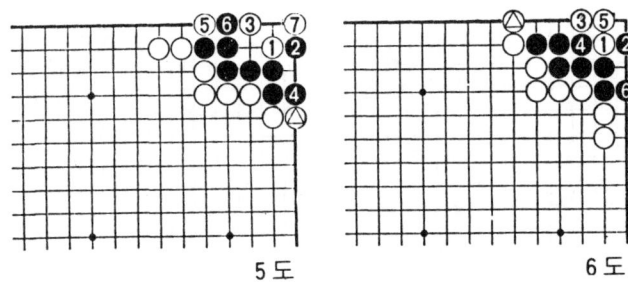

5 도   6 도

5 도(정해) 백은 5, 흑 6 교환 다음에 7 로 집어 넣는 것이 옳다. 이것은 2 단 패의 모양이다.

한 수 늘어진 패이다. 결론은 ⊙의 내림은 패가 남는다.

6 도(삶) 같은 모양인데 백⊙표의 방향에 내려서 있다면 사활과 관계가 없다. 백 1, 3 의 공격에는 이하 6 까지 산다. 내려서는 방향에 혼동을 해서는 안된다.

제 8 형 백선

이것은 실전에 자주 나타나는 모양이다.

잡는 수의 기본적인 맥이 있다.

이런 것을 알아야만 유단자에 이르는 길이 될 것이다.

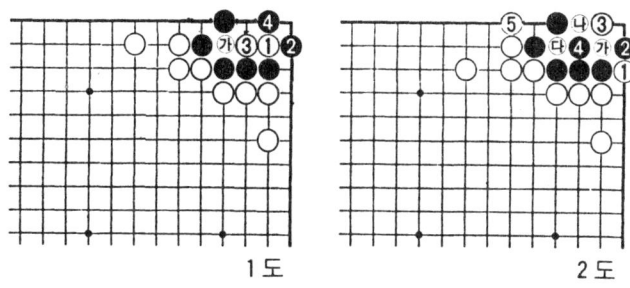

1 도   2 도

1 도(속맥) 백 1 의 붙임에 흑 2, 이것은 2 집을 내는 맞보기의 수이다. 흑 2, 4 로 산다. 나중에 백 ㉮로 두지 못한다. 이것은 실격이다.

2 도(정해) 백 1 의 젖힘에서부터 움직인다. 다음에 3 의 치중이 정해의 수순이다.

흑 4 에는 5 의 내려섬이 맥이다. 흑 4 로 ㉮도 백 5, 흑 ㉯, 백 ㉰로 죽는다.

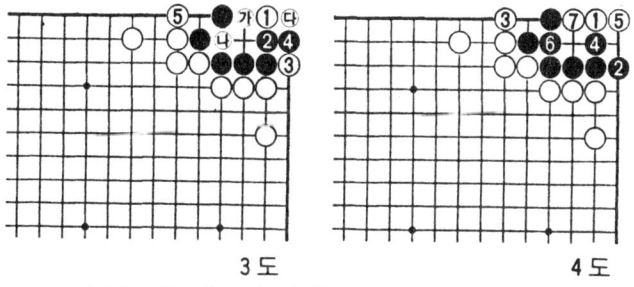

3 도   4 도

3 도(같은 맥) 백 1 의 먼저 치중에 흑 2, 백 3 의 젖힘 이것이 결과이다. 백 3 으로 5 는 급하지 않은 곳. 그러면 흑 ㉮, 백 ㉯, 흑 ㉰로 살아서 실격이다.

4 도(귀곡사) 흑 2 로 궁도를 넓히는 것은 이하 7 까지 죽는 모양이다.

본질적으로는 2 도의 젖힘이 정해이다.

제 9 형 흑선

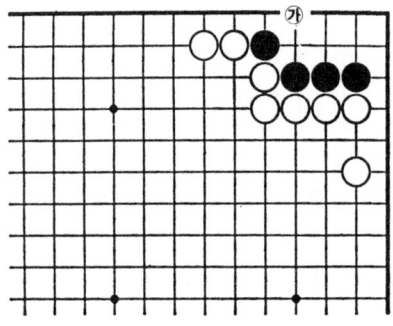

여기에 흑의 대항책이 있다.

흑㉮는 제8형에서 모양을 살핀 바 있다.

흑선으로 살까, 죽을까, 이를 알고 있다면 실전에서 매우 즐거운 일일 것이다.

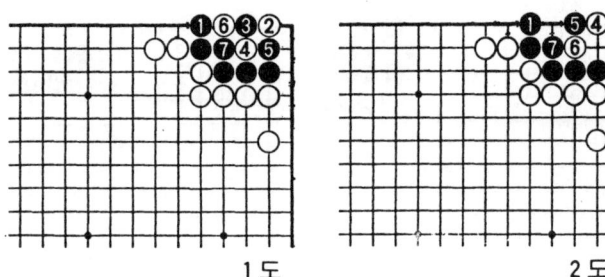

1 도   2 도

1 도(넓이) 흑1로 궁도를 넓히는 수. 백2가 급소인 것 같지만 이것은 악수이다. 흑7까지 무조건 사는 모양이다. 이 모양에서는 패가 정해로 본도는 백의 실패이다.

2 도(바른 수순) 백2의 젖힘으로 둔다.

다음 4의 치중에 흑5에서 7까지 패가 난다.

정해의 하나이다.

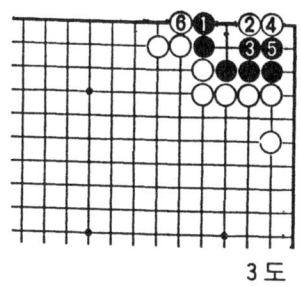

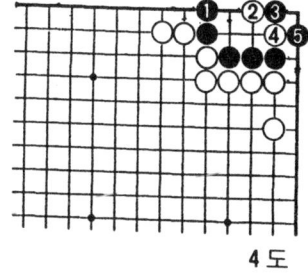

3 도   4 도

3 도(죽음) 백 2 는 급소이다. 혹 3 이 악수로 이하   6
까지 죽는다.

백 4, 6 은 일련의 호흡이다.

4 도(정해 2) 백 2 에는 혹 3 의 붙임이 맥이어서   5 까
지 패이다. 2 도와 같이 정해이다. 2 에는 3 의 점이 급
소이다.

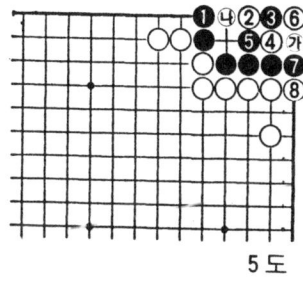

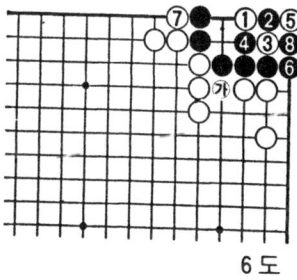

5 도   6 도

5 도(자충) 뒤떨구기를 엿보는 혹 5, 7 은 백 8 로 외곽
을 조인다. 혹의 실패이다.

이 다음 ㉯로 두어 패이다.

6 도(변화) 전도에서 주의할 것은 이 모양에서는 바깥
쪽 ㉮의 곳이 터져 있음이다.

백 1 에는 혹 2 이하 무조건 산다.

제10형 백선

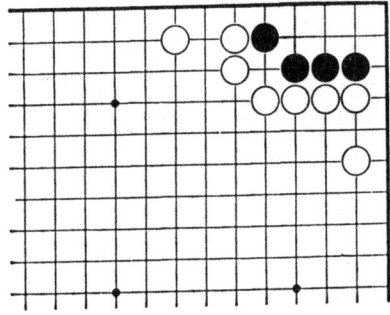

이런 모양은 어떨까?

바르게 움직이면 흑은 죽는다.

패를 주의하라.

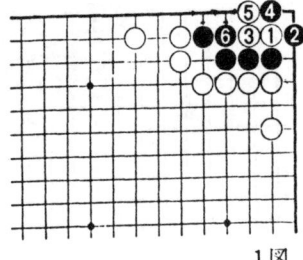

1図

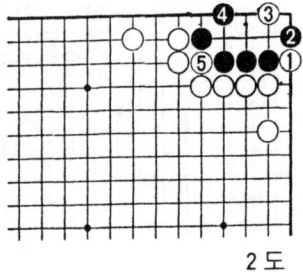

2 도

1도(패) 백1의 붙임에는 6까지 패. 이것은 수순이 정확하지 않다.

무조건 잡아야 한다.

2도(정해) 무조건 잡는 수는 백1의 젖힘에서 3의 치중까지이다.

흑4에는 백5로 이것은 제8형 3도, 4도의 학습이다.

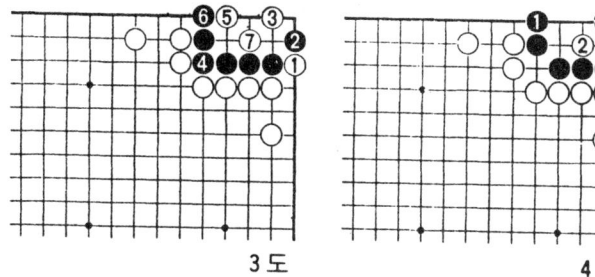

3 도   4 도

3도(5궁 도화) 여기에서 흑 4 의 이음에는 백 5 에서 7 까지 5궁으로 죽는다.

4도(내림) 흑 1 로 내려 궁도를 넓히는 것은 백 2 로 그만이다.

한 걸음 한 걸음 결론을 찾는 것이 좋다.

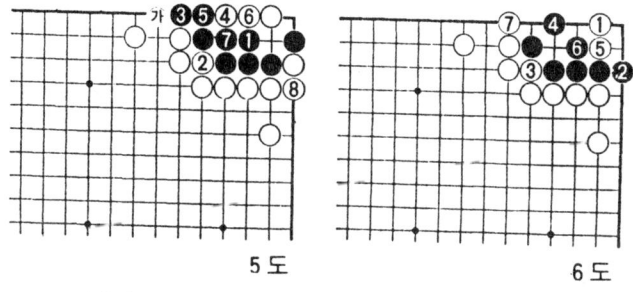

5 도   6 도

5도(변화) 흑 1 에는 백 2 가 급소이다. 흑 3 은 패를 노린다. 백 4 로 ㉮라면 흑 4 로 한 수 늘어진 패이다. 백 8 까지 불발이다. 주의할 것은 백 2 로 5, 흑 4, 백 3 으로 두는 것은 흑 2, 백 6 까지 패를 피할 수 없다.

6도(같은 죽음) 백 1 의 치중도 일응 죽는다. 흑 2 는 강력한 저항인데 이하 7 까지이다. 2도의 젖히는 **방법이** 보통이다.

26

제11형 백선

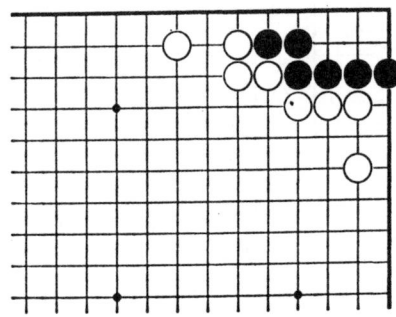

본도에서는 일견 급소가 2개처럼 보이는데 정수는 어디부터의 착점일까?

결론은 패인데 패에는 여러 종류가 있다.

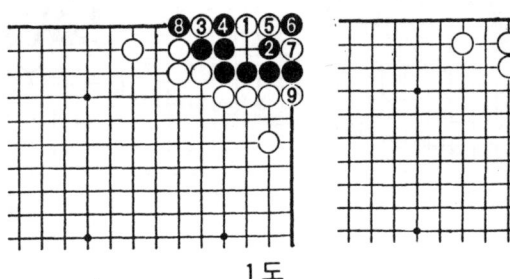

1도   2도

1도(끝내기 패) 백1은 급소. 흑2로 받으면 이하 9까지 일응 패이다.

끝내기 2단패로 흑이 손을 빼면 백이 부자유스러운 패이다. 종반의 연구과제.

2도(정해) 백1이 정수. 흑은 2, 4로 두어 본패이다. 같은 패라도 1도와는 큰 차이다.

제12형 흑선

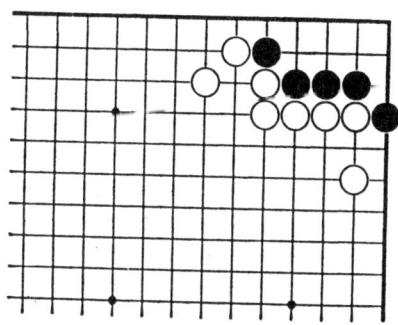

제 9 형에서 흑이 짖힘으로 진보가 되어 있는 형이다.

여하한 결론이 나올까? 제 9 형은 패가 결론이었다.

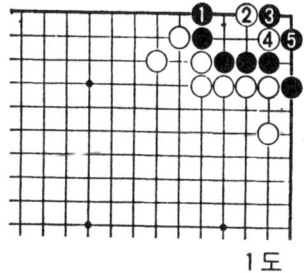

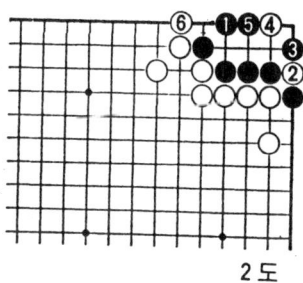

1 도   2 도

1 도(패) 흑 1 의 내림에는 백 2 의 치중에서 이하 5 까지 패가 남을 연구한 적이 있다.

3 의 곳 치중은 흑 2 의 붙임으로 무조건 산다.

(제 9 형 1 도~2 도 참조)

2 도(실패) 흑 1 로 두는 것은 이하 6 까지 연구가치도 없는 실패이다.

28

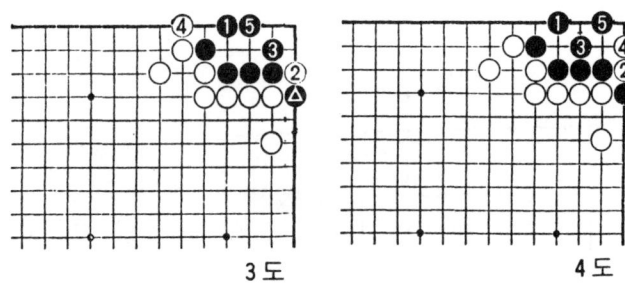

3 도   4 도

3 도(정해) 백 2 에는 흑 3 으로 두는 것이 흑● 표가 있어 삶의 방향이다. 흑 5 까지 —·젖힘의 효과로 1 집을 확보한다. 이 흑 1, 3 의 맥을 잘 기억해 두어야 한다.

4 도(연약함) 흑 3 으로 사는 것은 연약하다.

3 도 보다는 상당히 떨어진다. 생, 사, 패에서 최선을 구해야 한다.

제13형 백선

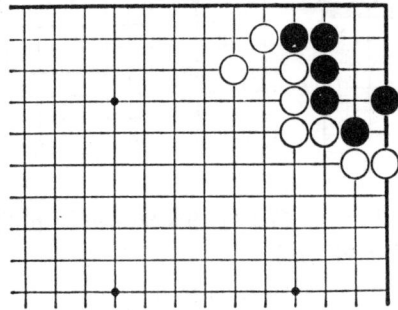

어떻게 두는 것이 최선일까? 완전하게 잡을 수는 없을까 연구하여 보기로 하자. 1, 3 의 수가 포인트이다.

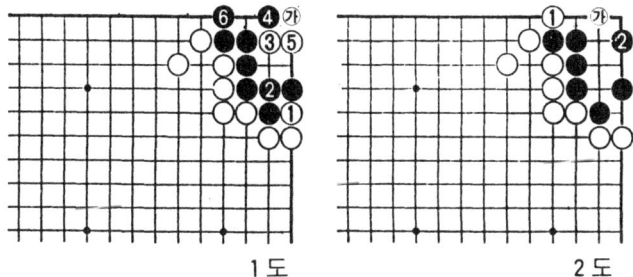

1 도 (만년패) 백 1 의 단수는 범책이다. 흑 6 에 계속하여 ㉮ 로 두면 만년패이다.

이 모양은 실패다.

2 도 (실패) 백 1 로 젖히면 흑 2 의 급소를 지킨다.

이 다음에 급소외의 치중은 안된다. ㉮ 의 곳은 마찬가지이다.

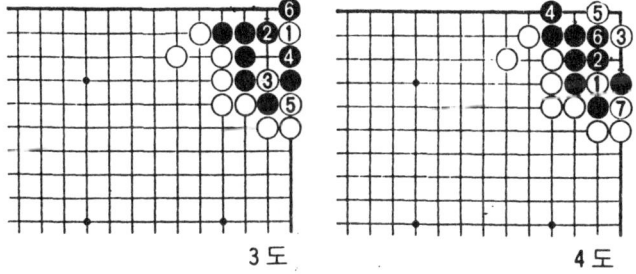

3 도 (생) 급소의 곳인 백 1 은 어떨까?

이것은 도에서 보는 것처럼 6 으로 산다. 이것은 실패다.

4 도 (정해) 백 1 의 먹여침부터 결행된다. 흑 2 에는 3 이 정해. 이것은 새로운 맥이다.

백 7 까지 귀곡사의 형태다.

제14형 백선

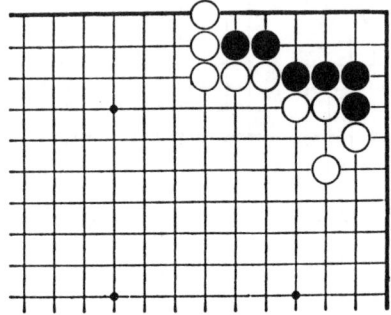

전형과 모양
과 성질이 비슷
하다. 다만 한
점이 더 늘어
있음에 요주의.
자, 13형의
맥을 기대하는
수순은—·

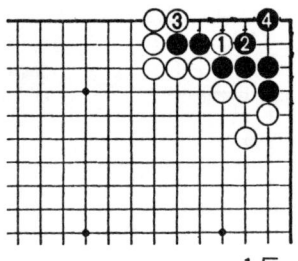

1 도

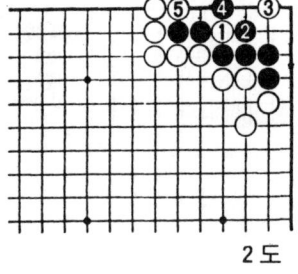

2 도

1도(부주의) 백1의 회생타부터 둔다. 제13형 4도와
같은 의미이다. 다음 3의 단수는 급하지 않는 곳이다.
흑4로 사는 모양이다. 이것은 백3이 부주의다.

2도(정해) 직접 3으로 두는 수이다.

백5까지 제13형의 4도와 완전히 비슷한 모양임을 알
수 있다.

제15형 백선

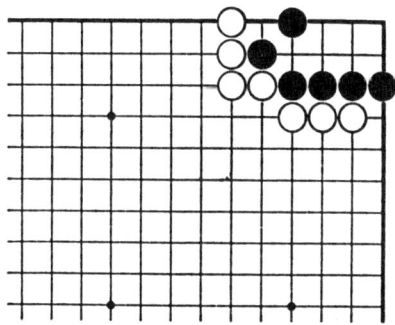

무조건 잡아
야 한다.
　이제까지 배
운 것을 학습하
여 보자.
　주의를 요한
다.

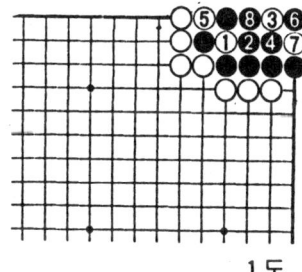

1 도

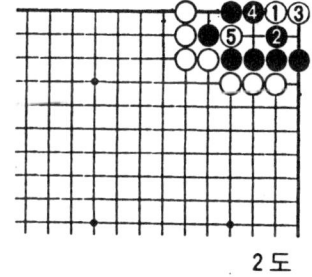

2 도

　1 도(실패) 백 1 의 먹여침에서 3 의 곳 치중은 이곳에
서는 실패이다.
　흑 4, 6 이 호수여서 8 까지 사는 모양이다.
　2 도(정해) 이 모양에서는 백 1 의 단순한 치중이 좋다.
다음에 백 3, 5 로 눈을 빼앗는다. 흑 4 로 5 의 곳은　4
의 곳에 두어 죽는다.

제16형 백선

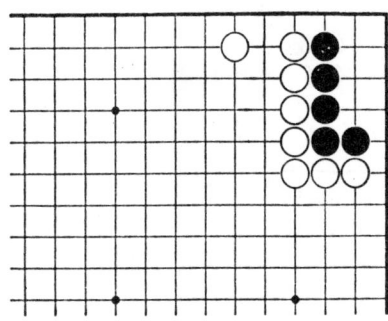

지금까지를 비교하여 보면 흑의 모양상 무조건 죽지 않는다. 수단의 여지가 있는 곳이다.

흑의 최선의 응수를 생각해 보자.

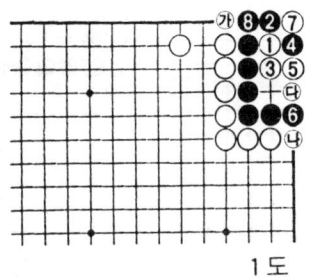

1 도

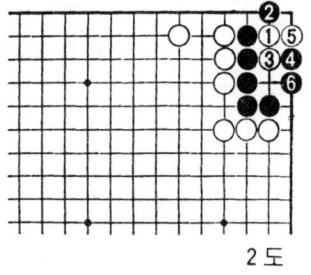

2 도

1 도(만년 패가 정해) 백 **1** 의 붙임부터 시작한다.

흑도 **2**, **4** 로 응수하면 **8** 까지 만년패이다.

이 모양은 백 ㉮, ㉯ 다음에 다시 ㉰의 곳을 조여 패가 나는 것에 주의.

2 도(빅) 이 모양에서는 바깥이 비어 있다면 **4** 로 붙여 빅이 난다.

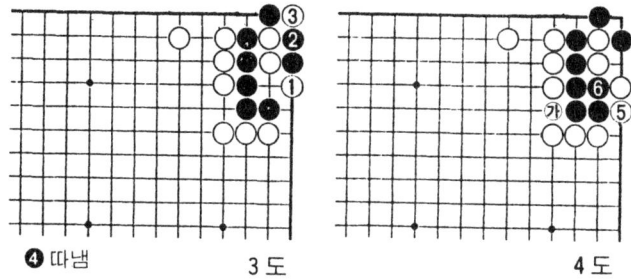

❹ 따냄 **3 도** **4 도**

3 도(변화) 전도의 백 5 의 변화로, 백 1 로 두는 것은
흑 2 로 끄는 수가 좋다. 백은 3 으로 2점을 때려내는데
계속하여 — .

4 도(변화계속) 백 5 로 이으면 6 으로 조여서 뒤떨구
기를 당한다.

제 16 형 만년패와 같이 사는 모양이다.

제17형 백선

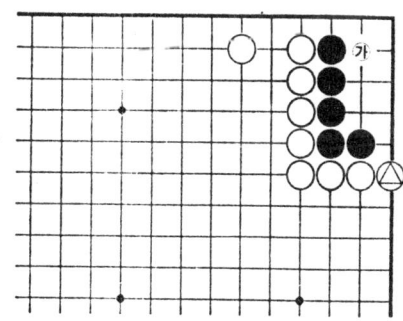

백 △ 표의 내
려섬을 가미하
였다.

여기에서는
무조건 잡아야
한다.

㉮의 붙임은
만년필의 모양
으로 실패이다.

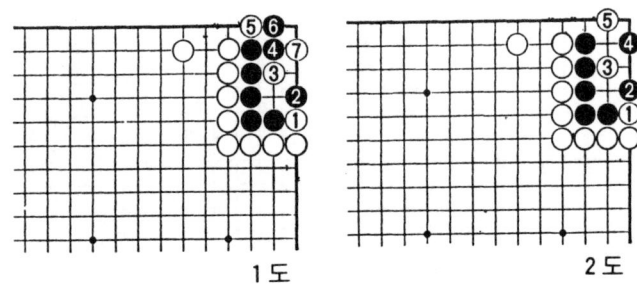

1 도　　　　　　　　 2 도

1도(정해) 평범한 백1이 좋다. 다음에 백3, 5로 공격한 것이 최선이다. 7까지 죽는다. 백1로 변화를 하는 맥은 패가 날 자리이다.

2도(변화) 흑4로 받는 것은 백5의 치중으로 그만이다. 흑5에는 백4, 1도와 2도는 간단한가? 이것이 실전에서는 용이한 일이 아니다. 사활의 모양을 알아두는 것이 좋다.

제18형 백선

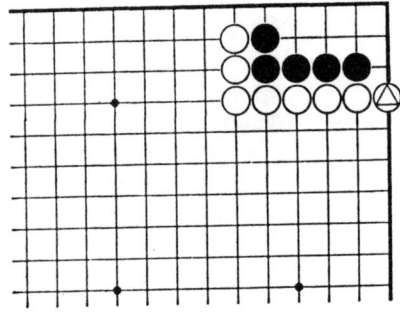

여기에서는 ◎로 내려서 있다. 무조건 잡아야 한다. 패를 피하는 맥은? 앞의 제17형과는 다르다.

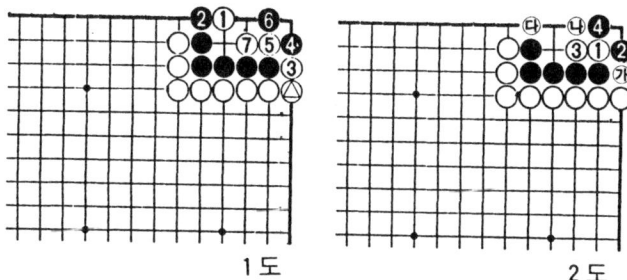

1 도   2 도

1 도(정해) 백 1 의 치중부터 시작된다. 그런 다음에 백 3, 5 로 움직인다. 흑 4, 6 으로 패를 유도하면 7 로 뻗어서 그만이다. 먼저 1, 2 의 교환이 좋은 수이다.

2 도(실패) 백 1, 3 은 패를 피할 수가 없다.

백 3 으로 4 의 곳 두는 곳은 흑 3, 백 ㉮, 흑 ㉯, 백 ㉰ 의 노림이 있다.

제19형 백선

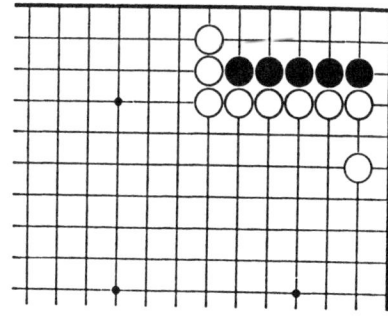

이것은 실전에서 자주 나타나는 모양이다. 바른 공격은 어느 곳 부터 일까?

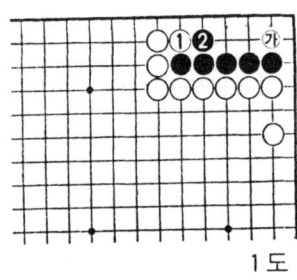

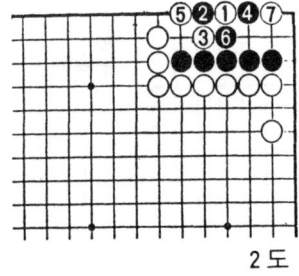

1 도
2 도

1 도 (무책) 백 1, 2 의 교환에는 제16형과 같다. 다음에 ㉮로 공격하여 만년패. 이것으로는 충분하지 않다.

2 도 (패) 백 1 의 눈목자로 두는 것을 볼 수 있다.

그러면 흑 2 의 강력한 저항이 있다. 7 까지의 패가 나는 모양이다. 이 모양에서 패가 나서는 안된다. 무조건 잡아야 한다.

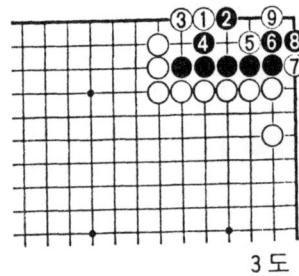

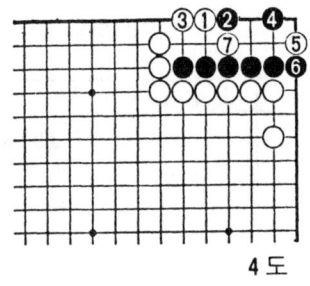

3 도
4 도

3 도 (정해) 먼저 진출하는 수를 생각해 보아야 한다. 이런 모양에서는 백 1 의 날일자가 정착이다. 흑 2 에는 3 으로 뻗는다. 흑 4 에는 5, 7, 9 가 일련의 수순이다. 배워둘만한 맥이다.

4 도 (변화) 흑 4 로 받을 때는 5, 7 로 둔다.

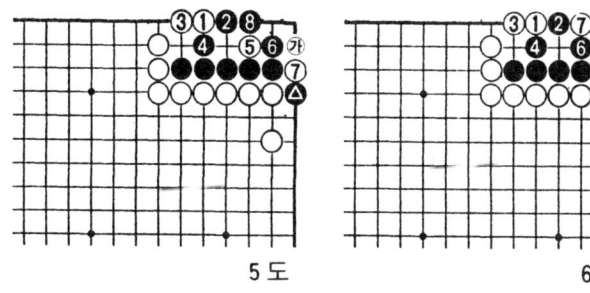

5 도	6 도

5 도 (젖혀 있다면) 흑●로 젖혀있는 모양이라면 이것은 다르다. 즉, 1, 3 으로 붙여 늘면 흑 4 가 필연이다. 백 5 에는 흑 6, 8 로 두는 수가 있다. 흑● 표가 ㉮로 두어 눈을 빼앗는 것을 막는다.

6 도 (패) 여기에서 흑● 가 있을 때에는 백 5 로 치중을 하여 패가 나는 것이 옳은 귀결이다.

제20형 흑선

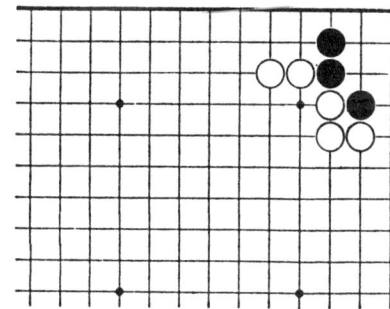

새로운 모양에의 도전이다.
좁은 곳인데 바르게 움직이면 산다.
귀의 사활에 강해야 한다.

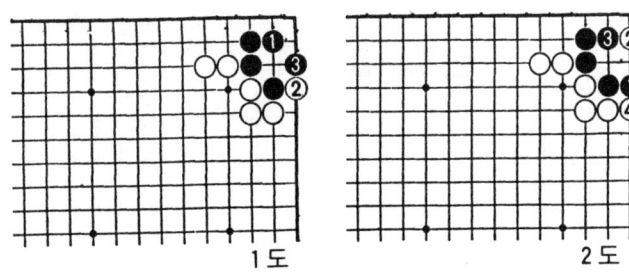

1 도   2 도

1 도(패) 흑 1 은 패를 엿보는 수단이다.

패를 만들지 않고, 더 효과적으로 둘 수 있는 방법이 없을까? 먼저 수순을 검토해 보면, 여기에 바로 묘수가 있음을 발견하게 될 것이다.

사는 수가 있음을 검토하자.

2 도(실패) 흑 1 로 내려서는 것은 백 2 의 급소가 남아서 결점이다. 이 모양에서는 백 2 에서 4 까지 흑이 안된다. 공부하여 보기로 하자.

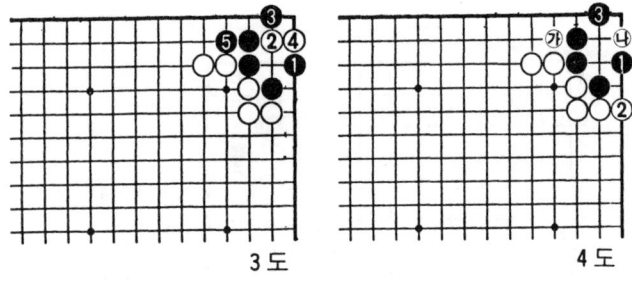

3 도   4 도

3 도(정해) 이런 모양은 흑 1 로 호구치는 것이 간단히 사는 모양이다.

백 2, 4 는 속수. 5 까지 크게 산다.

4 도(변화) 백 2 로 내려서는 수는 어떨까? 이때는 흑 3 이 유일한 맥이다. 다음에 백 ㉮ 는 흑 ㉯ 로 산다.

제21형 백선

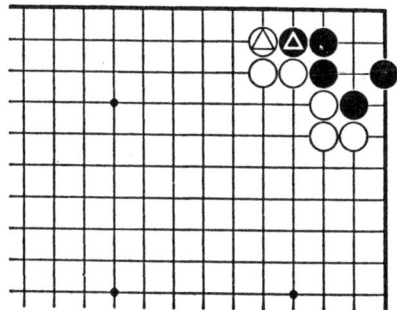

앞 20형의 정해 **3**도에서 흑 ● 표와 백△가 교환된 수순이다.

이곳에서의 변화를 살펴보자.

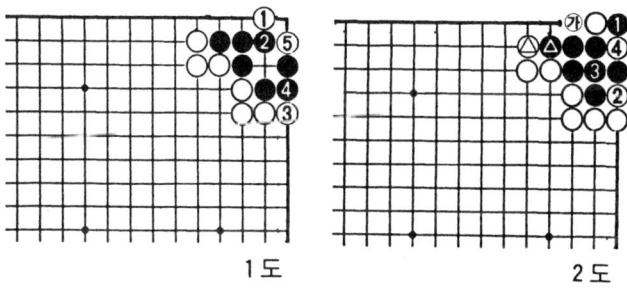

1 도   2 도

1 도(정해) 백**1**이 예리한 공격이다. 흑**2**는 이 한 수이다. 다음 백**3**으로 내려서 흑**4**를 강요한 다음 **5**로 집어 넣어 패가 난다.

2 도(변화) 전도 흑**4**로 **1**로 변화하는 수도 있다. 백 **2**, **4**로 되어 패가 나는 모양이다. 이곳에서는 흑 ● 와 백 △의 교환이 나쁘다. 교환이 없다면 ㉮로 두어 산다.

제22형 흑선

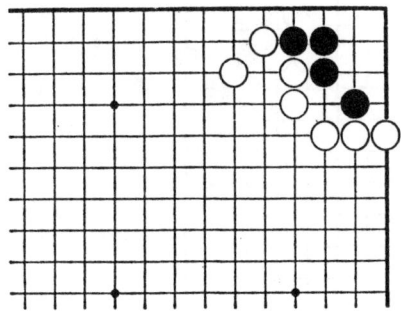

20, 21형의 변형이다.

무조건 살아야 한다. 세심한 변화를 통하여 학습을 하여 보자.

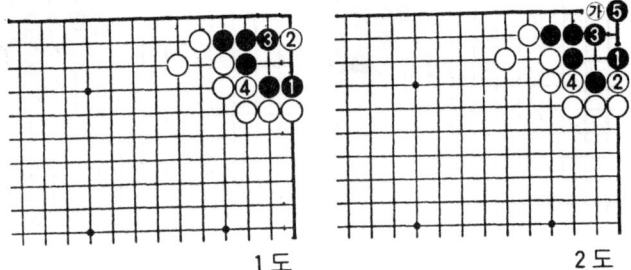

1 도   2 도

1 도(실패) 흑 1 에는 백 2, 4 를 초래하게 되어 실패다. 사활문제에서 대원칙의 넓게, 좁게가 많다.

2 도(패) 흑 1 로 지키는 것은 5 까지 패가 나는 모양이다. 백 2 로 4 는 ㉮로 사는것을 주의하라. 또 백 2 로 단순히 ㉮ 는 패이다.

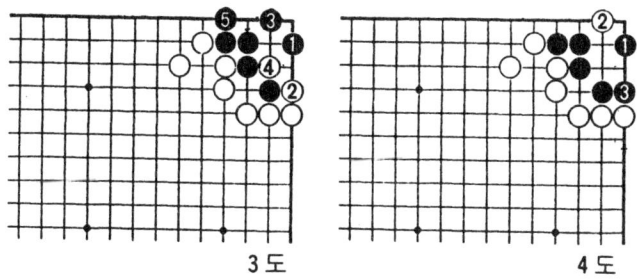

3 도   4 도

3 도(정해) 이런 모양에서는 혹 1 이 정착이다.

백 2 에는 3 의 마늘모, 백 4 에는 5 로 두어서 산다.

4 도(변화) 2 의 1 을 허락하여 백 2 는 혹 3 으로 내려 크게 산다.

제23형 흑선

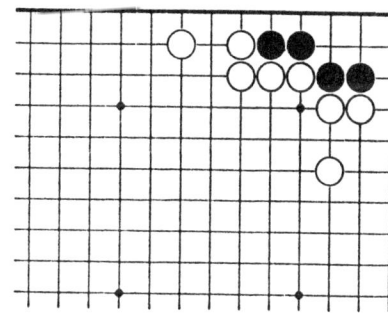

중간이 넓은 동류의 모양이다.

물론 무조건 살아야 한다. 모양을 익혀야 사활에 강해진다.

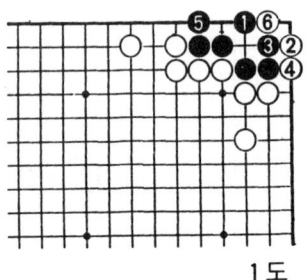 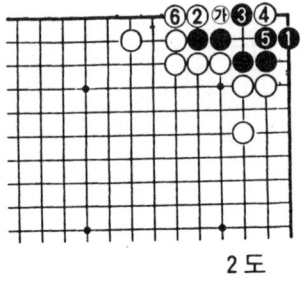

1 도   2 도

1도(패) 지금에서 흑1의 호구 변화이다.

백2의 치중에서 6까지 패이다.

흑3으로 4는 백3으로 죽는다.

2도(이맥) 흑1은 이맥이다. 백4, 6으로 되어서 무조건 죽는다.

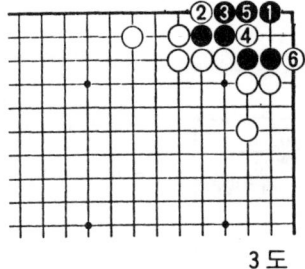 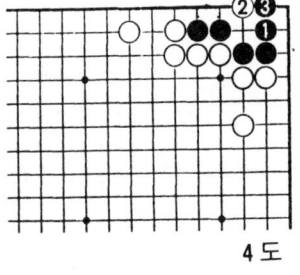

3 도   4 도

3도(실패) 흑1로 두는 것도 이맥이다. 이것도 실패이다. 백2의 젖힘 다음에 6으로 젖혀 죽는다.

흔히 이런 모양에서 흑1로 두는 것을 많이 본다.

4도(정해) 이곳이 당연한 일착이다. 흑1이 정해로 사는 방법이다.

백2에는 흑3으로 내려선다.

제24형 백선

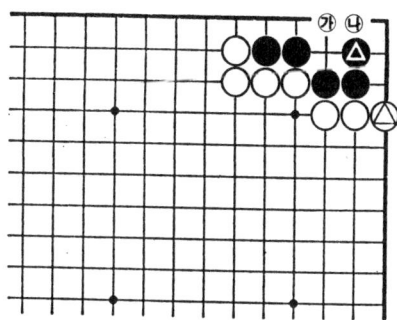

제23형에서 백△와 흑● 가 교환이 되었다.

백의 공격의 수는?

백㉮라면 흑㉯로 산다.

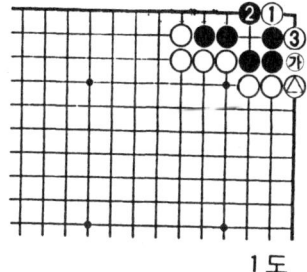

1 도

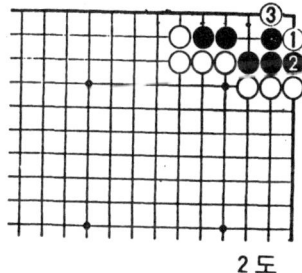

2 도

1 도(정해) 백 1 이 급소로 당연한 수이다. 흑㉮로 받을 수 없는 것이 백△의 효과이다.

흑 2 에는 ㉮로 두어서 패이다.

2 도(대동소이) 백 1 로 움직이는 것도 비슷하다.

흑 2 에는 3 으로 역시 패이다.

44

제25형 흑선

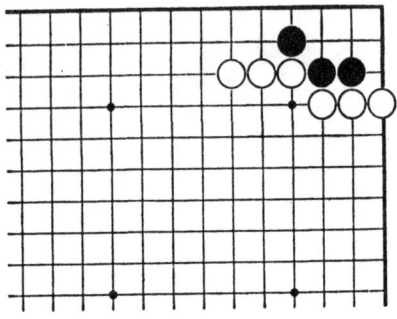

이런 모양에서도 수단의 여지가 있다.

속단은 요주의다. 백에 교묘한 수가 있음을 염두에 두어야 한다.

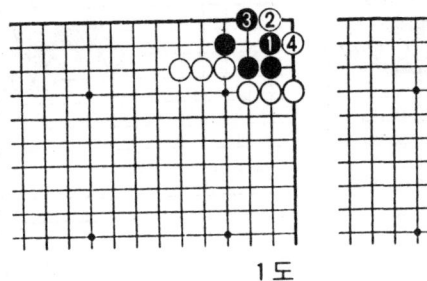

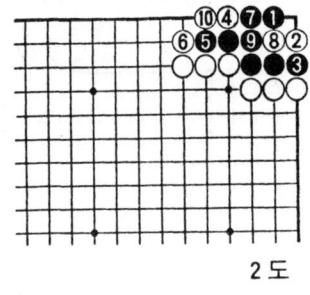

1 도   2 도

1 도(정해) 흑 1 로 두는 것은 백 2, 4 로 패가 난다. 이 것이 정해이다.

2 도(실패) 주의할것은 흑 1 로 무조건 산다고 보는 수이다. 여기서 백 2 의 치중에서 4 의 아래붙임이면 이하 10까지 살지 못한다.

제26형 흑선

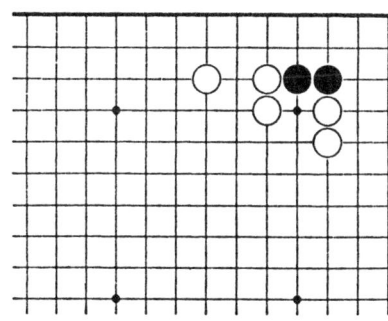

이것도 귀의 사활의 기본의 하나이다.

좁은 곳이어서 변화의 여지가 함축되어 있다.

무조건 삶을 목표로 하여야 한다

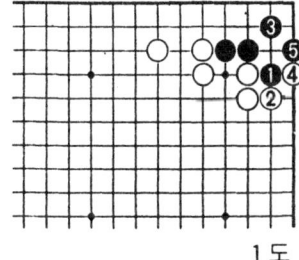

1 도

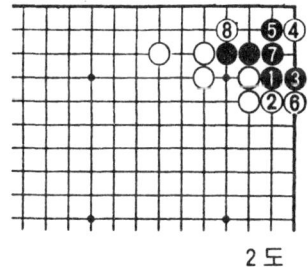

2 도

1 도(패) 흑 1, 3 으로 젖혀 호구하는 것은 간단히 패이다. 패는 실패다.

흑 1, 3 은 알기쉽게 두는 방법의 하나.

2 도(실패) 흑 1, 3 으로 넓히는 것은 4 의 치중이 급소이다. 이하 8 까지 죽는 모양이다.

백 4 로 5 로 두는 것은 흑 4 로 알기쉽다.

46

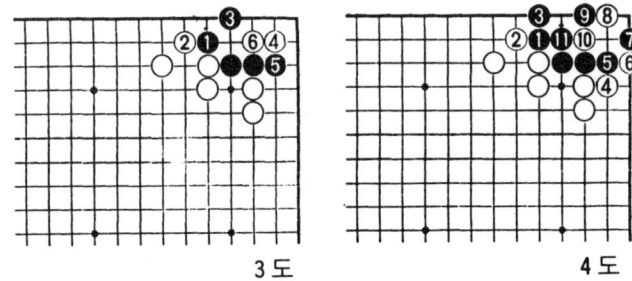

3 도   4 도

3도(간단) 흑1, 3으로 넓게 키우는 수는 어떨까?

백4의 치중이 간명하게 6까지 죽는다.

흑1, 3은 유력한 저항수단이 아니다.

4도(패) 흑1, 3으로 두는 것은 4로 내려서는 것이
제9형에서 배운 패가 나는 모양이다.

정수가 아니다.

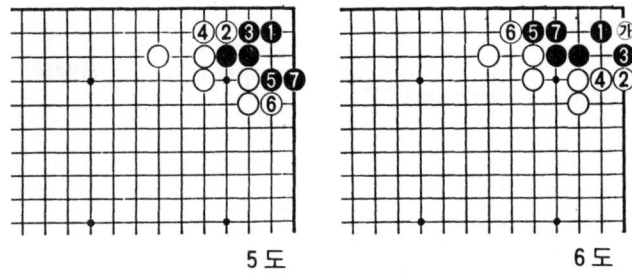

5 도   6 도

5도(정해) 단순한 흑1의 마늘모가 교묘한 수로 정해
이다.

백2, 4에는 흑7로 충분히 산다.

6도(삶) ㉮의 붙임을 엿보는 백2에는 흑3의 마늘모
붙임이 선수이다.

다음 7까지 사는 모양이다.

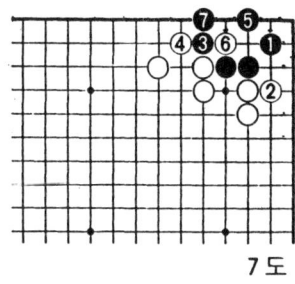

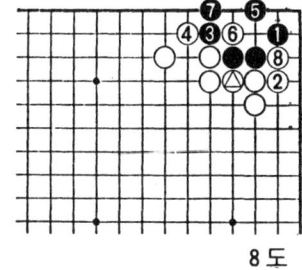

7 도   8 도

7 도(호수) 백 2 의 내림에는 흑 3, 5 가 호수이다.

흑 5 에 단순히 6 의 치중은 7 로 내려서 죽지 않음에 주의하라.

8 도(공배없음) 백⊘로 되어 공배가 없다면, 즉 흑 5 로 둔다면 6, 8 이 일련의 수순이다. 7 도와 8 도를 비교하여 보자.

제27형 흑선

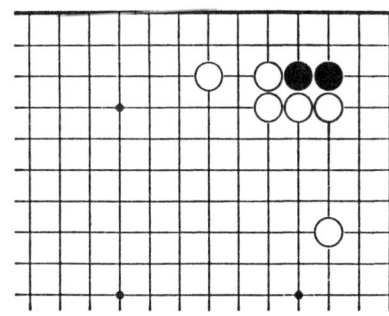

이것도 귀에서 자주 나타나는 모양이다.

두는 방법을 생각하여 보자. 제26형과 비교하여 보자. 무조건 살지만은 못한다.

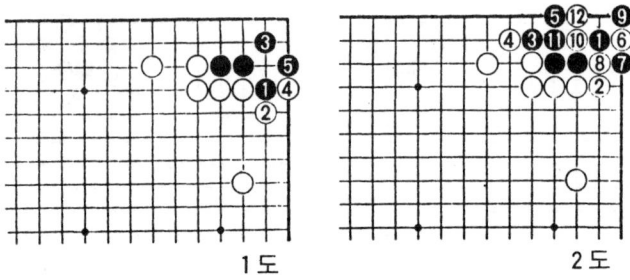

1 도 2 도

1 도(정해) 이 모양에서는 흑 1, 3 으로 패를 유도한다.

2 도(전멸) 어려운 곳은 흑 1 이다. 백 2 에 계속하여 3, 5 로 두는 것은 이하 12까지 외길의 수순이다.

본도의 흑 1, 3, 5 는 무조건 살지 못한다.

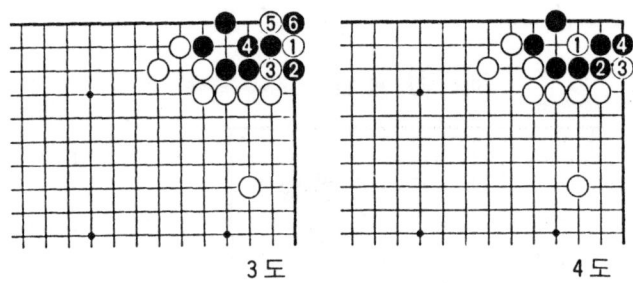

3 도 4 도

3 도(패) 전도의 변화에서 백 3 으로 두는 것은 흑 4 로 되돌아가서 패가 난다.

패라면 백이 정확한 공격이 아니다.

4 도(실패) 여기에서 먼저 백 1 로 두는 수는 최악의 수이다.

흑 2, 4 로 사는 모양이다.

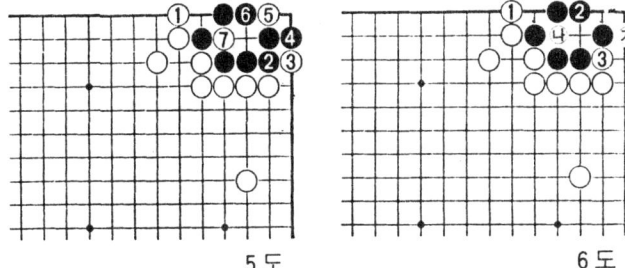

5 도

6 도

5 도 (냉정) 백 1 로 내려서는 것이 좋은 수이다.   흑 2 에는 3 의 젖힘으로 4 를 강요하고 5, 7 로 맥을 사용한다. 배워둘 만한 곳이다.

6 도 (맞보기) 백 1 에 흑이 2 로 받는 것은 백 3 으로 된 다음에 ㉮와 ㉯가 맞보기이다.

백 1 의 내려섬이 교묘한 수이다.

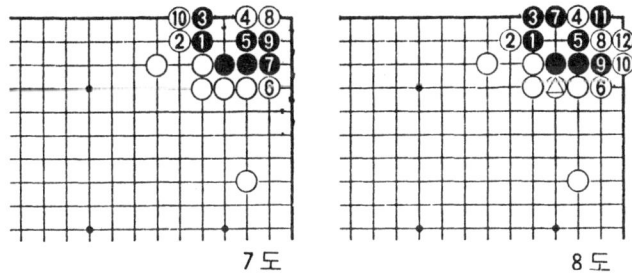

7 도

8 도

7 도 (죽음) 흑 1, 3 의 젖혀내림에 대하여는 백 4 가 급소의 치중이다. 흑은 이 한 수인가?

백은 6 까지 맞좋은 결정을 한다. 이하 10 까지 되는 형이다.

8 도 (공배) 흑 7 에는 8 의 젖힘이 좋다. 백12까지 죽는다.   백 ⓦ 표 한점이 공배를 메우고 있음을 주시하라.

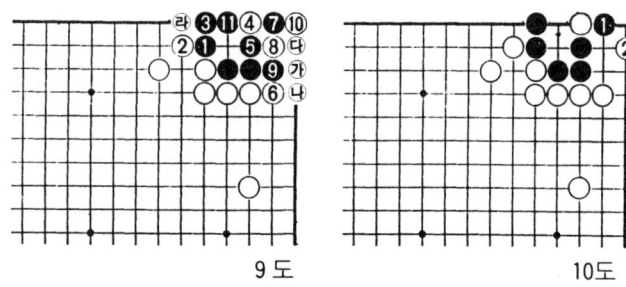

9 도   10도

9 도 (경솔) 이것은 변화이다.

백 6 에는 7 의 곳, 이때 백 8 이 경솔하다. 11까지 패가 되어서는 실패다. 흑11로가, 백나, 흑11까지 패이다 흑㉮, 백㉰, 흑㉭로 되어도 산다. 본도는 백의 실패이다.

10도 (간단) 흑 1 에는 백 2 로 쉽게 죽는다.

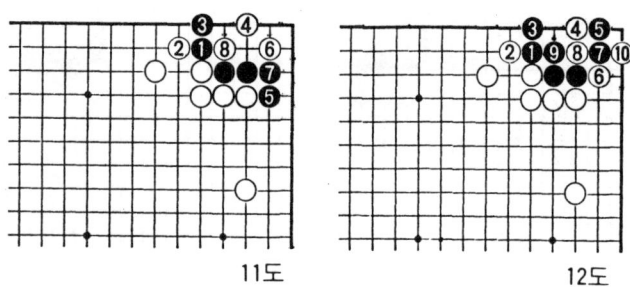

11도   12도

11도 (참고) 흑 5 의 젖힘은 불필요한 수이다. 백 6, 8 로 그만이다.

12도 (죽음) 5 로 붙이면 백 6 이하 10까지 수가 나지 않는다. 제27형은 1 도 흑 1, 3 의 패가 최선이며 기타의 방법은 표시하는데 그쳤다.

제28형 흑선

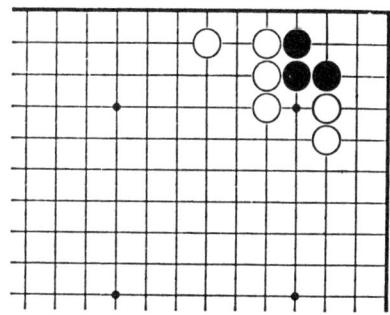

제26, 27형의 변형이다.

흑이 둔다면 살 수 있는 변화가 생긴다.

공배와 관계 있는 수이다.

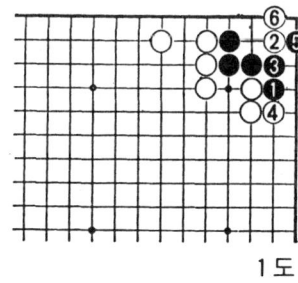

1 도

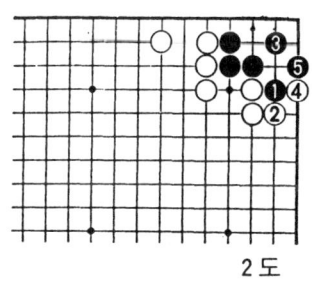

2 도

1도(죽음) 흑1의 젖힘으로는 수가 나지 않는다.

백2의 치중에서 4까지 죽는 모양이다.

2도(패) 1도의 2가 맛이 나쁜 것은 이 모양으로는 패가 난다.

흑1, 2의 교환이 나쁘다.

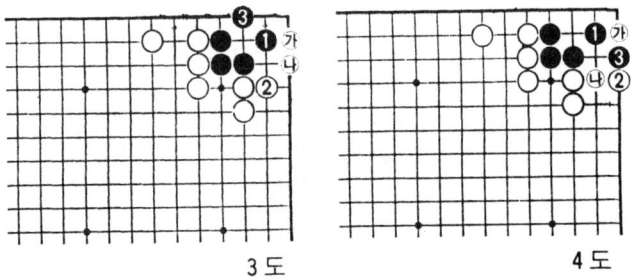

3 도   4 도

3도(정해) 흑1의 마늘모가 정해이다.   제26형 5도 흑1과 비슷한 의미가 있다. 백2에 흑3으로 상하에 2집을 확보한다. 계속하여 백㉮는 흑㉯이다.

4도(변화) 백2는 다음에 ㉮를 노리는 수이다. 흑3이 선수이다. 다음에 ㉯로 집이 확보된다.

이 수순이 중요하다.

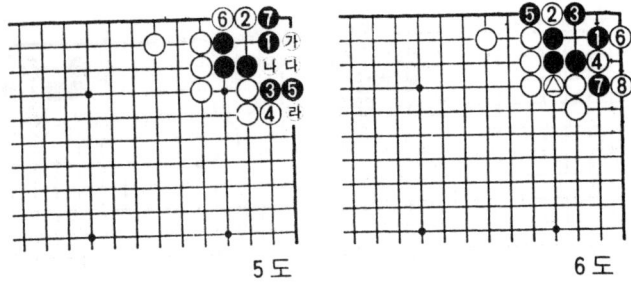

5 도   6 도

5도(삶) 백2의 치중에는 흑3, 5로 좋다.

백6으로 7은 흑6, 계속하여 백㉮에는 흑㉯가 냉정하다. (흑㉯로 ㉰는 백㉱로 패가 남는다)

6도(패) 백◬의 공배가 메워져 있을 때에는 백2의 젖힘에서 4, 6으로 무리한 패이다.

제29형 백선

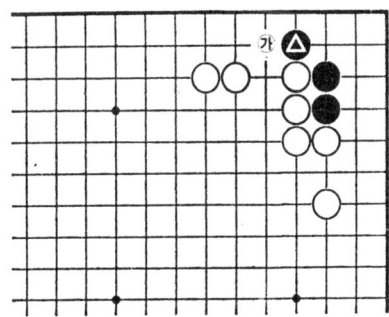

혹●로 젖혀 있는 모양이다.

백㉮로 받으면 패가나는 모양이다.

주위의 백이 강하여 무조건 죽는 수가 있다.

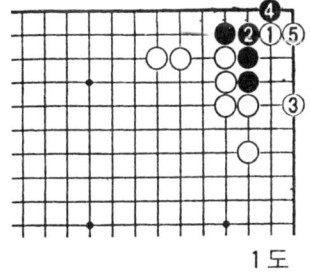

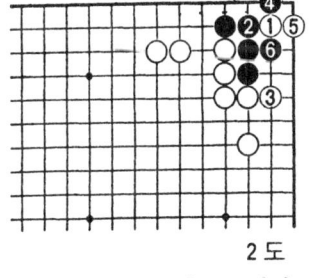

1 도   2 도

1도(정해) 백1이 치중의 급소. 다음에 3의 곳 비마가 결행의 한 수이다.

혹4에는 5로 내려선다.

2도(실패) 똑 같지만 백3은 불가하다.

혹4, 백5에는 6으로 내려 2점을 잡는다.

1도의 백3이 경쾌하다.

제30형 백선

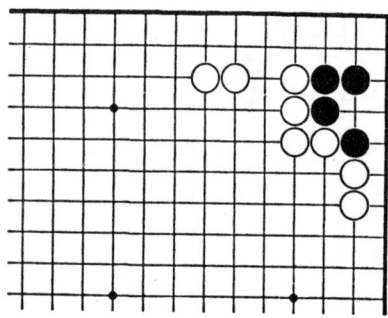

이것은 26형에서의 변형이다.

패라면 간단하다. 주위의 원군을 이용하여 죽이는 첫 수가 중요하다.

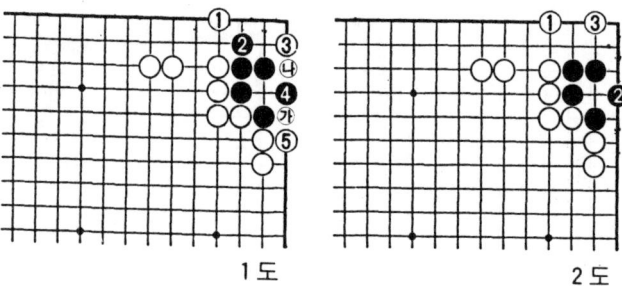

1 도

2 도

1 도(정해) 백 1 의 한칸, 이곳이 급소이다.

흑 2 에는 3 으로 치중을 한다. 다음에 4 를 기다려서 5 의 내려섬이 배워둘만한 노림의 한 수이다.

흑 4 로 ㉮는 ㉯이다.

2 도(변화) 흑 2 로 한집을 확보하는 것은 3 의 한칸이 맥이다. 무조건 죽는 모양이 된다.

55

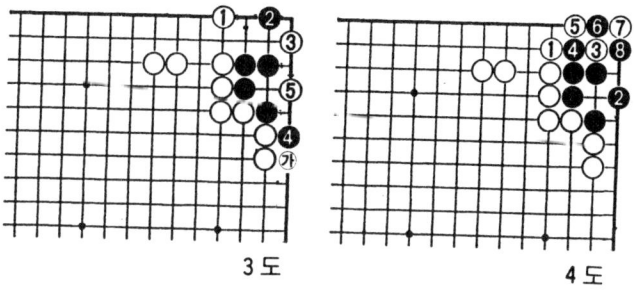

3 도   4 도

3 도(같다) 흑이 2로 받는 것의 급소는 역시 3의 곳이다. 백 3의 치중으로 죽음은 1도와 관련이 있는 수이다. 흑 4는 패를 유발하는 수이다. 경솔하게 5로 ㉮의 곳 받음은 5로 받아서 한 수 늘어진 패이다.

4 도(실패) 백 1의 내려섬은 무책의 수. 흑 2 이하 8까지 패가 난다. 백 3으로 6도 흑 3까지 된다.

제31형 백선

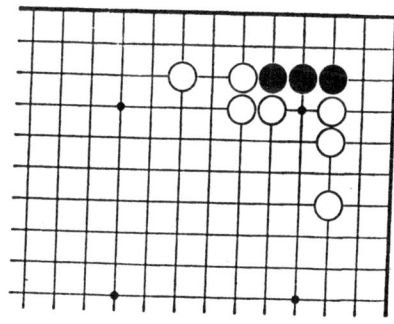

지금의 모양을 살펴보자. 흑이 둔다면 쉽게 살 수 있는 곳이다. 백이 선공이면 어떨까?

변화의 여지가 많아 수읽기가 필요한 곳이다.

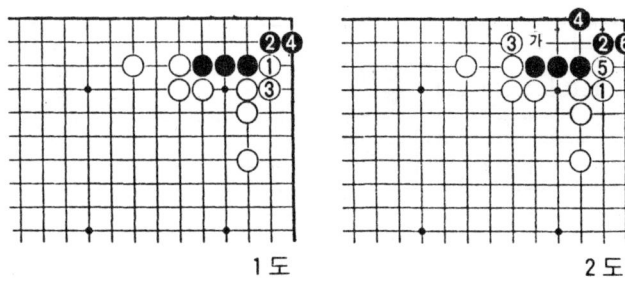

1 도   2 도

1 도 (무책) 백 1, 3 의 젖혀이음은 책략이 없는 수이다.
그러면 흑 2, 4 로 간단히 산다.

2 도 (유력한가?) 백 1 의 내림이 유력한 수이다.

다음에 단순히 흑 5 의 내림으로 백 ㉮의 젖힘은 흑 2 의
마늘모가 탄력이 있다. 이것으로 백 3 은 흑 4 의 마늘모
로 산다. 그러나 공부가 부족한 곳이다.

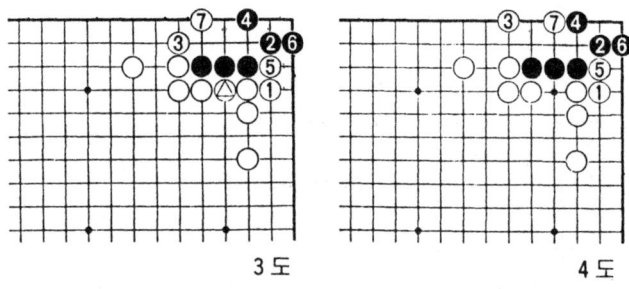

3 도   4 도

3 도 (공배관계) 백 △ 표가 공배에 메워져 있다면은 흑
4 에 계속하여서 백 7 이 교묘한 수가 된다.

공배가 사활에 미치는 영향이다.

4 도 (죽음) 백 3 이 유력하다. 흑 4 에는 백 5, 7 로 간
단히 죽는다. 이 일선의 맥이 위력을 발휘한다. 흑 4 의
수가 공부가 있는 곳이다.

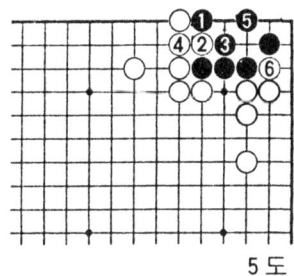

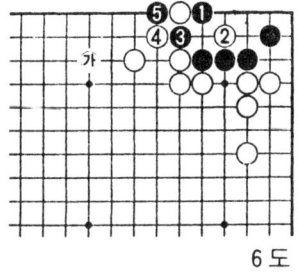

5 도   6 도

5 도(붙임) 흑 1 로 붙여 저항한다.

백 2 에 흑 3, 다음에 패를 유발한다. 4 도의 무조건
죽는 것과는 큰 차이다.

6 도(맛이 나쁘다) 흑 1 에 백 2, 다음에 흑 5 로 한점
을 잡아서 바깥쪽에 맛이 나쁘다. 백 ㉮ 에 돌이 있다면
2 가 성립한다. 2 도 백 1 이 최선의 수단이다.

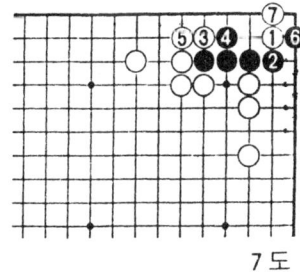

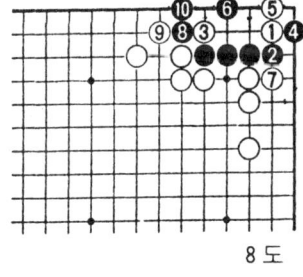

7 도   8 도

7 도(안이) 백 1 의 치중이 생각해볼만한 수단이다.

흑 2 는 오직 이 한수. 계속하여 백 3, 5 의 젖혀이어 7
까지 죽는다고 보는것은 안이하다.

8 도(호수) 백 3 의 젖힘에는 흑 4 를 먼저 결행을 한다.
다음에 흑 6 이 좋은 수이다.

백 7 에는 흑 8, 10 으로 끊음이 성립한다.

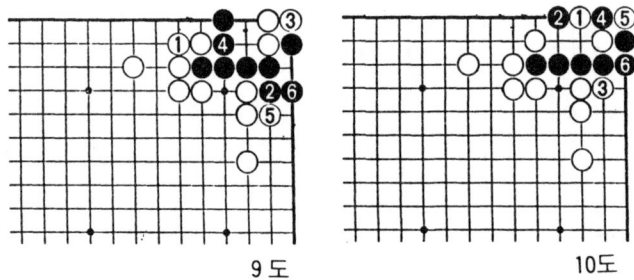

9 도   10도

9 도 (만년패) 백 1 로 이으면 흑 2 이하 6 까지 만년패의 모양이다. 공배가 비워있음에 생기는 모양이다. 이것도 사는 모양으로 3 수 늘어진 패는 패가 아니라는 말이 있다.

10도 (뒤떨구기) 8 도의 백 5 로 1 의 곳 마늘모는 패를 엿보는 수이다. 그러면 흑 4, 6 으로 뒤떨구기를 하여산다. 패가 나서는 백의 불만이다.

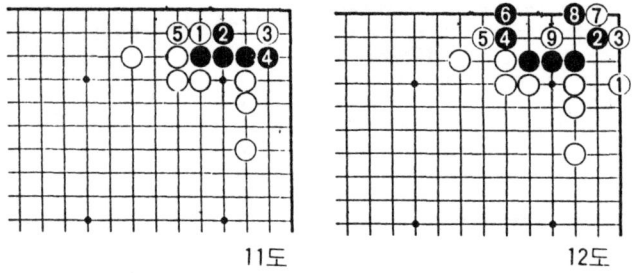

11도   12도

11도 (정해) 백 1 의 젖힘부터 움직인다. 흑에 변화의 여지가 없다. 백 5 까지 쉽게 죽는다. 알고 나면 간단하다. 문제도의 모양을 유의하여 보자.

12도 (별안) 백 1 의 뻗음도 죽는다.

흑 2 가 최강의 저항이다. 백 9 까지 외길인데 조금 난해하다.

제32형 백선

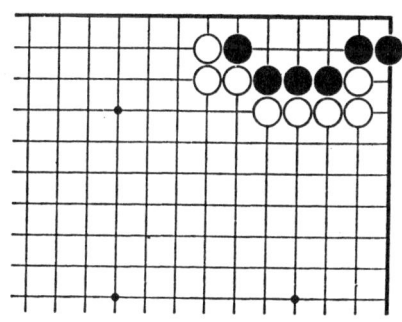

흑을 죽이는 급소는?

착실한 생각이 필요한 곳이다.

승단을 지향하는 사람의 기본 사활 맥의 하나이다.

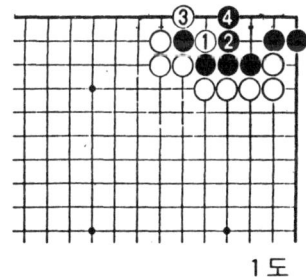

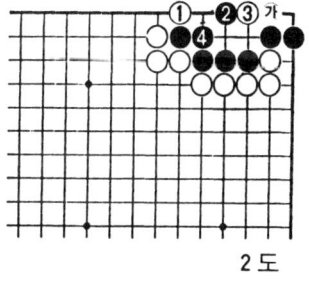

1 도   2 도

1 도(무책) 백1, 3으로 끊어 잡는 것은 흑4가 좋은 모양으로 산다.

2 도(같은 모양) 백1로 아래쪽 젖힘이 있다. 이것은 1 도보다는 고급스런 공격이나 흑2가 정수이다. 계속하여 백3에는 흑4로 받아서 ㉮의 곳을 맞보기로 하여 산다.

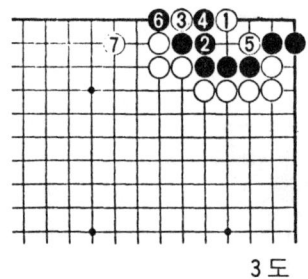

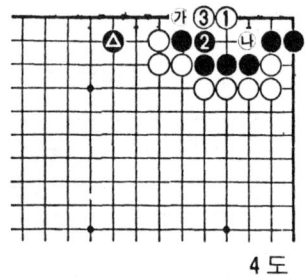

3 도   4 도

3 도(정해) 3점머리의 중앙이 급소라는 격언이 있는
이 백 1 의 치중이 모양의 급소이다. 2 도의 흑 2 가 호수
인 곳이다. 상대의 급소는 나의 급소라는 곳이다. 흑은 **7**
까지 죽는다.

4 도(정착) 가정하여 바깥쪽에 흑❹ 표가 있다면 백 1,
3 으로 죽는다. 전도의 3 으로는 본도의 3 이 정착이다.
계속하여 흑㋑는 백㋒이다.

제33형 백선

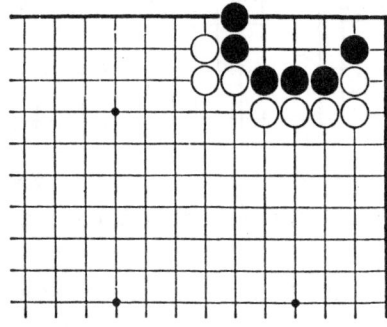

실전에서 한
두번은 경험했
을 곳이다.
　공격을 하면
살까? 죽을까?
이곳은 패가 나
는 곳이다. 바
른 결론을 알고
있다면 편리하
기도 하려니와
즐겁다.

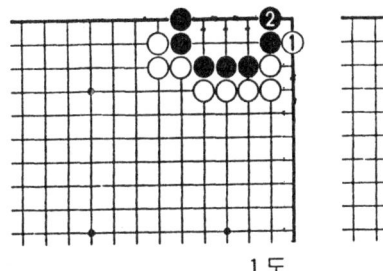

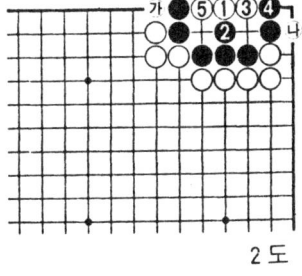

1 도

2 도

1도(6궁) 백1의 젖힘은 악수이다. 흑2로 사는 6궁이다. 이 모양이 완성되기 전에 부족한 곳을 찌른다.

2도(급소) 백1은 3점머리의 급소라고 할 수 있다.

흑2는 당연하다. 백5까지 된 다음에 ㉮와 ㉯가 맞보기로 죽는다. 그러나 다음에 ― ·

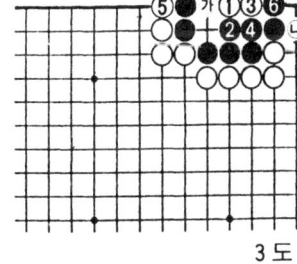

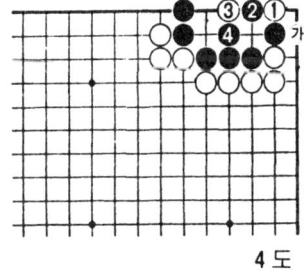

3 도

4 도

3도(삶) 백3으로 늘어둘 때 흑4로 위쪽을 이음이 호수(好手)이다. 수순 중 백5 대신 ㉮는 혹 ㉯이다.

4도(정해) 모양의 완성을 피하여 백1의 붙임이 맥이다.

백3으로 ㉮도 패. 이 33형의 결론은 백선으로 패가 정당하다.

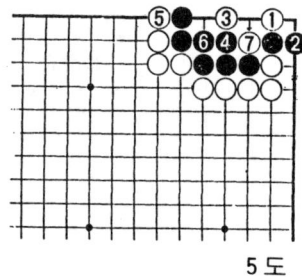

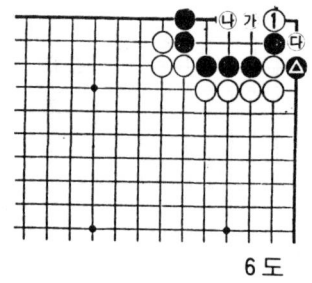

5 도   6 도

5 도 (변화) 흑 2 의 내려섬에는 백 3 이하로 패가 나는 모양이다. 수순중 백 3 으로 단순히 7 은 흑 4, 백 3 으로 같은 패이다. 백은 본도의 패가 최선의 수단이다.

6 도 (젖혀 있다면) 흑● 표로 젖혀 있어도 백 1 의 붙임에서 패를 피할 길은 없다. 흑㉮에는 백㉯이다. 또 흑㉰에 백㉯는 5 도와 동일하다.

제34형 백선

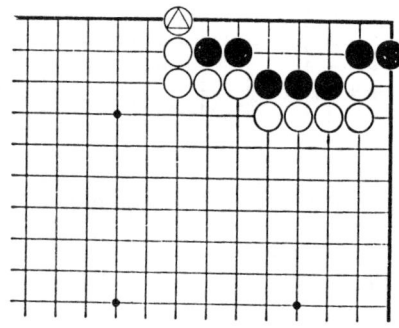

제32형에 비하여 흑은 한길을 더 나가고 있다.

백은 강력하게 ⊖의 내려섬이 있다.

백의 처음 수를 생각하여 보자.

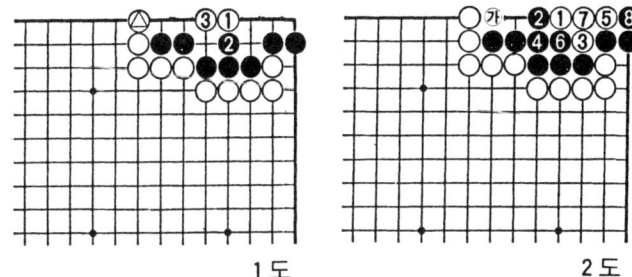

1도   2도

1도 (간단) 제 1 감으로 백 1 은 당연하다.

흑 2 가 악수로 백 3 으로 연락한다.

백△표의 내려섬이 위력을 발휘한다.

2도 (속맥) 흑 2 는 좋은 맥이 아니다.

백 3 의 끊음에는 5 까지 — · 외길의 진행이다.

흑 8 로 4 점을 때리면 계속하여서 — ·

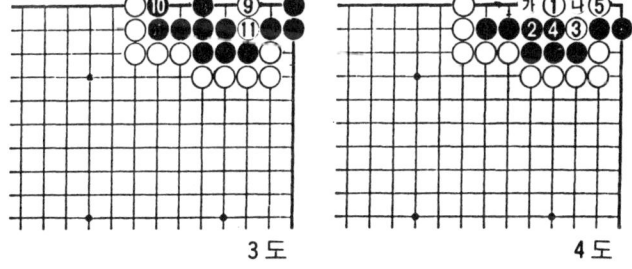

3도   4도

3도 (자충) 백 9 의 치중 다음 흑10, 다음에 11의 끊음이 좋다. 이것은 죽는 모양이다. 2 도의 백 5 로 ㉮는 자충이다.

4도 (정해) 흑은 2 의 이음이 정수이다.

백도 3 의 끊음이 한수로 이하 5 까지 패가 나는 본형의 결론이다. 흑㉮의 단수는 백㉯로 2 도 ~ 3 도와 같음에 주의

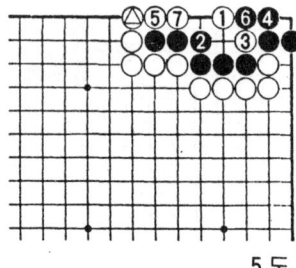 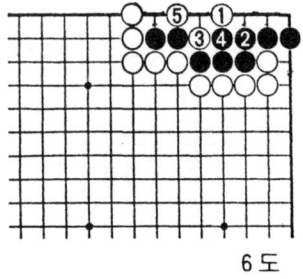

5 도   6 도

5 도(죽음) 지금에서의 변화를 보자.

백 3 에 혹 4 의 내림은 백 5, 7 로 한걸음씩 전진을 하여온다. 백△표의 내림이 효력을 발생한다.

6 도(같은패) 혹 2 의 이음에는 백 3, 5 로 패이다.

4 도와 6 도의 같은 모양이다.

제34형은 이래서 졸업이다.

제35형 백선

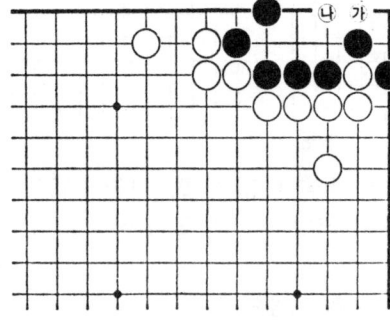

제33형의 변형이다.

백㉮의 붙임에는 혹㉯로 받음은 일목요연하다.

첫수의 공격이 중요하다. 제33형에 비하여 혹의 탄력이 높다.

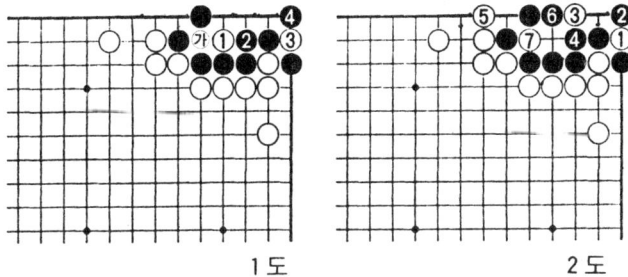

1 도   2 도

1 도(속수) 백 1 은 속수이다. 흑 2 로 간단히 산다.

흑 2 로 ㉮의 이음을 기대했던 수는 아전인수 격이 아닐 수 없다.

2 도(급소) 백 1 의 집어넣음이 전체를 위협하는 수이다. 흑 2 에는 3 의 치중에서 7 까지 죽는다. 백 3, 5, 7 이 일련의 맥이다.

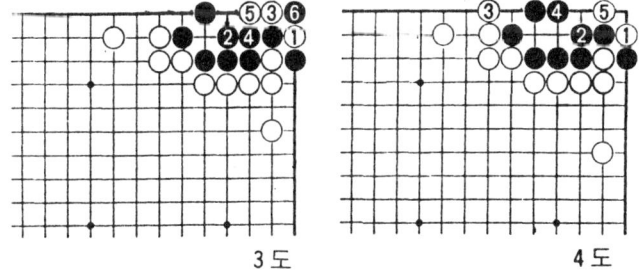

3 도   4 도

3 도(정해) 백 1 에 대하여는 2 로 되돌아가는 것이 유일한 수단이다. 백 3 의 젖힘에서 패이다.

4 도(같다) 흑 2 에는 5 의 젖힘까지 패가 난다.

백 3, 흑 4 가 최선의 수이다.

유사한 모양을 알고 있는 것이 좋다.

제36형 백선

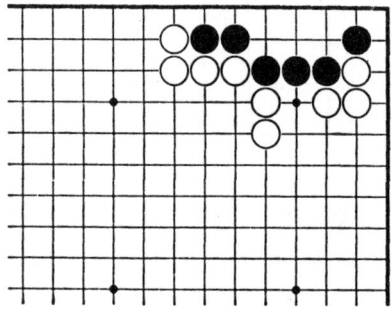

이런 모양에서의 공방은 어떨까?
일견, 무조건 살아 있음직한 모양이다.

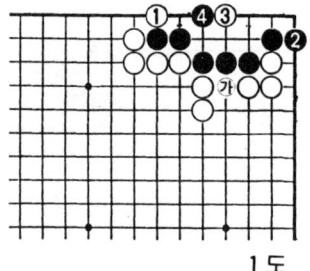

1 도

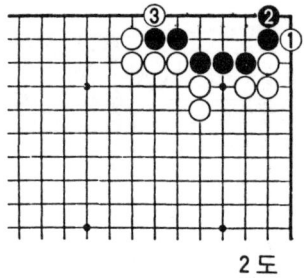

2 도

1 도(실패) 백 1 로부터 공격이다. 흑 2 가 정수여서 산다. 백 3 의 치중에는 흑 4 로 받는다. ㉮의 공배가 있어 성립하지 않는다.

2 도(1 이 정수) 백 1 이 정수의 공격이다.

흑 2 에는 백 3 으로 간단히 죽는다. 그러나 이것은 정해가 아니다.

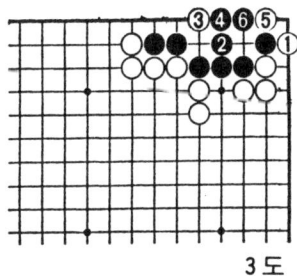 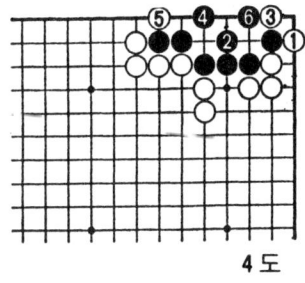

3 도   4 도

3 도(정해) 흑2 가 저항수단이다. 이하 **6** 까지 패가 정해이다. 이 도에서는 흑의 2 단패.

4 도(본패) 백은 전도의 정수 다음에 **3** 의 단수를 서두르는 것은 **6** 까지 본패의 모양이다.

여기에서 본 36형의 결론은 패의 종류에 있음을 주의하여야 한다.

제37형 백선

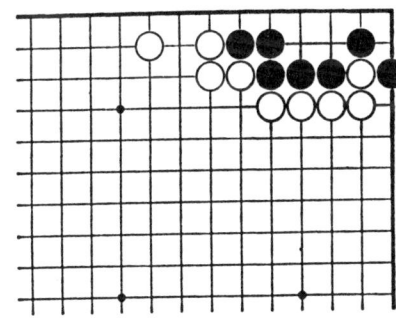

흑 모양이 오밀조밀하다.

무조건 흑을 잡는 수는 없다.

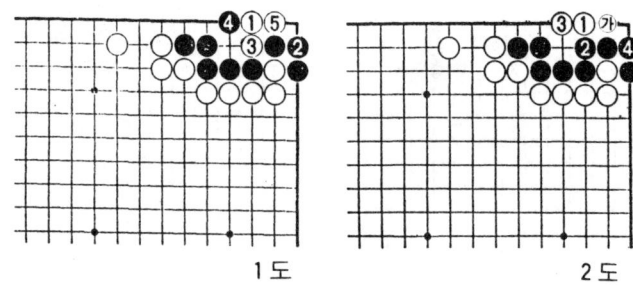

1 도   2 도

1 도(중앙은?) 백 1 의 중앙의 공격에 흑 2 로 받는 것
은 악수이다. 백 3, 5 로 키워 흑사이다. 흑 2 로 4 로 두
는 것은 백 3 으로 역시 죽는다.

2 도(삶) 백 1 은 악수이다. 흑 2 로 살아버린다. 흑 4
까지 된 다음에 백 ㉮ 로 두어서 빅이 나는 모양이다. 좁은
곳의 중앙 공격은 십분 주의할 필요가 있다. 백 1 로는─·

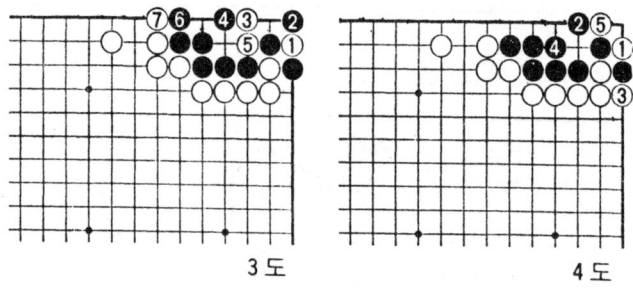

3 도   4 도

3 도(바깥) 백 1 로 집어넣는 수가 정착이다.
흑 2 는 악수로 백 3 의 치중에서 7 까지 자충으로 죽는
다. 좌의 어느곳도 둘 수가 없다.

4 도(정해) 백 1 에는 흑 2 로 지키는 찾이 모양이다.
이하 5 의 곳을 집어 넣어 패가 난다. 제33 형에서 귀의
막대기 모양의 변형이다. 패가 결론이다.

제38형 백선

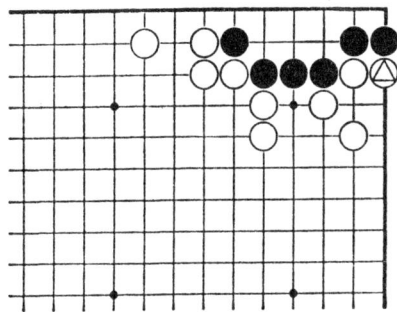

이런 곳을 어떻게 둘까? 백 ⓐ표가 내려와 있는 모양이다. 여하한 변화를 생각하여 보자.

죽이는 맥은 없을까?

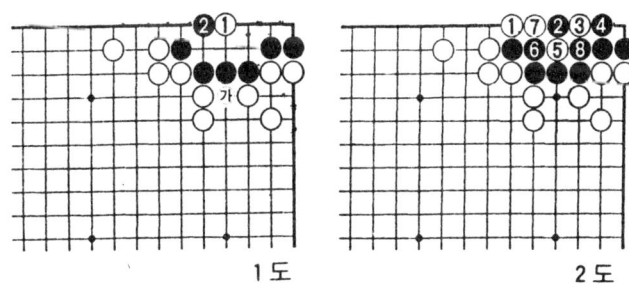

1 도   2 도

1 도(불발) 이제까지 배운 3점머리의 중앙은 공배가 있어서 혹 2 로 그냥 받아서 산다.

2 도(실패) 백 1 의 아래쪽 젖힘에는 혹 2 가 교묘한 수여서 산다. 백 3 에 대하여 혹 4 를 주의. 4 로 6 은 8 의 곳을 끊는다. 본도는 8 까지 사는 모양이다.

자, 그렇다면 첫수는 어느 곳일까?

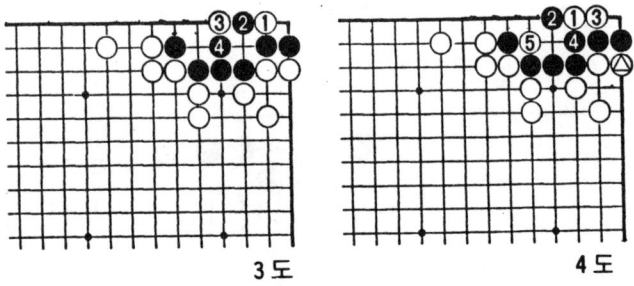

3 도   4 도

3도(패) 백1은 예리한 맥이다. 혹은 2의 한 수이다.
백3에는 4로 받아서 패이다.

4도(정해) 백1이 정해로 맥이다. 혹2에는 3, 2점
으로 늘어두면 다음의 잡는 수는 선명하다.

백⊙가 공배를 메꾸고 있기 때문이다. 수순중 혹2로
4는 백5까지 된다.

제39형 백선

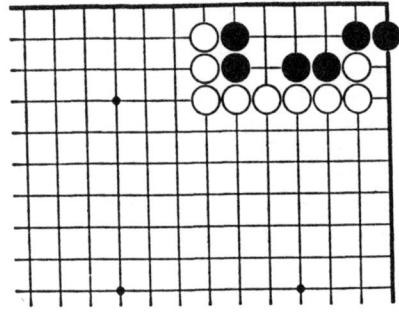

혹의 모양이
둔해 보인다.
수순에 착오
가 생길 수 있
는 곳이다.
첫 수가 중요
하다. 속단은
금물이다.

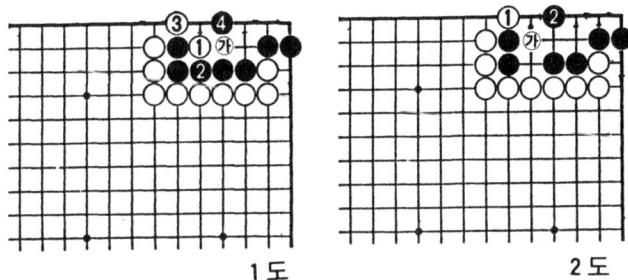

1 도   2 도

1도(속맥) 백1에 붙여 3으로 건너감은 속맥이다.

혹4로 무조건 산다. 4로 ㉮의 누름은 경솔한 수이다.
백4로 패가 난다.

2도(변화) 백1도 유일한 일감이지만 혹2가 좋아서
사는 모양이다. 이것은 혹2로 ㉮하는 것을 기대하는 수
이다.

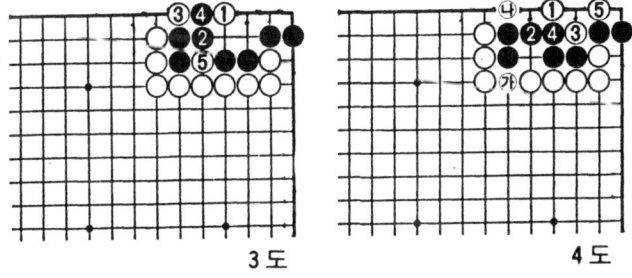

3 도   4 도

3도(정해) 이곳에서는 백1의 치중이 급소이다.

혹2에는 3, 5가 일련의 공격이다. 백1에 대하여 혹
은 방해하는 수단이 없다. 2도의 수순이 바뀜을 주의하
자.

4도(패) ㉮의 곳이 비어 있다면 백1의 치중으로는
무조건 죽지 않는다. 백3, 5로 패가 나는 모양이다. 혹
4로 5는 백㉯이다.

72

제40형 흑선

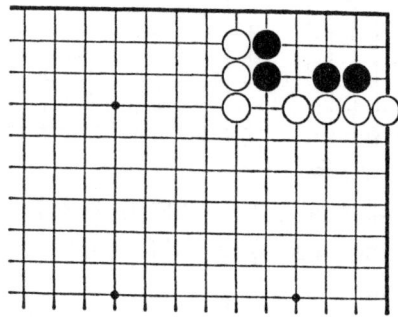

홀러내릴 듯한 자세이다. 선수로 삶을 도모하는 수가 필요하다. 제1감은 어디일까?

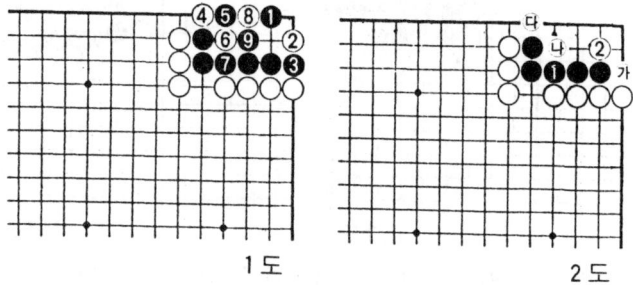

1 도

2 도

1도(정해) 2의 1이 호수로 흑1이 정해이다. 백2, 4의 추격에는 5의 입체적인 모양으로 산다. 이 흑1 이외는 모두 실패다.

2도(패) 예를 들자면 1로 넓혀 보아도 백2로 ㉠도 패를 면할 수 없다. 먼저 배운 것을 복습할 필요가 있다. 또 흑1로 2는 백㉡, 흑1, 백㉢이다.

제41형 백선

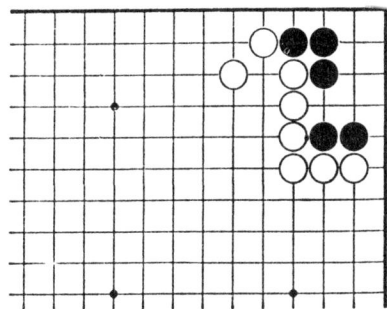

3·3에 침입을 하여 나타난 모양이다.

바른 공격으로 잡는 것이 가능하다. 패는 실패이다.

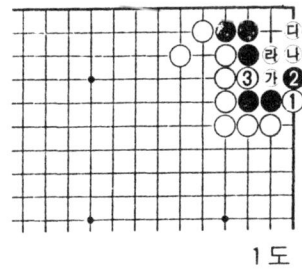

1 도

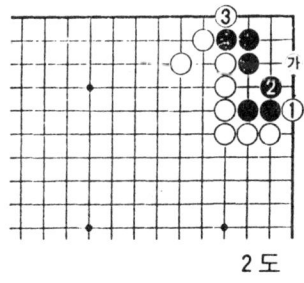

2 도

1도(정해) 백1로 바깥에서 공격하는 것이 정해이다. 흑2에는 3으로 내린다. 백3으로 ㉮의 끊음은 흑3, 백㉯, 흑㉰로 패가 나는 것을 주의하라. 첫수를 백1로 ㉮의 붙임도 흑3, 백1, 흑㉱로 산다.

2도(변화) 백1에 흑2는 다시 3으로 반대쪽을 젖힌다. 백1에 대하여 흑㉮도 백3까지이다.

74

제42형 백선

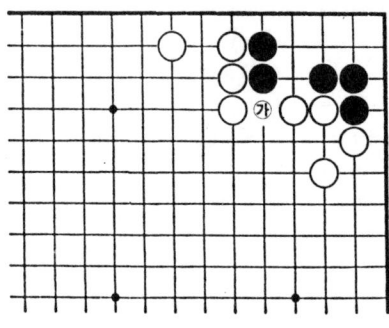

㉮의 공배가 1개 있다. 제 41형보다는 간단하지 않다. 바른 공격의 결론은?

승단을 목표로 하는 관문의 모양이다.

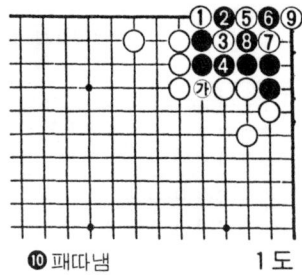

❿ 패따냄   1도

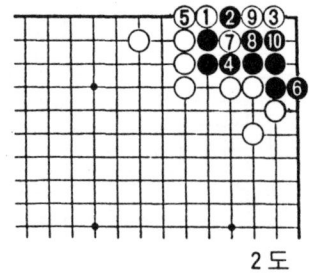

2도

1도(패) 백1이 공격의 급소이다. 흑2는 오직 이 한 수. 백3의 끊음으로 이하 10까지 패의 모양.

수순중 백3으로 4는 ㉮의 공배가 관계없다.

2도(정해) 같은 패로 백은 1도보다 본도의 방법을 택한다. 백3의 치중에서 10까지 ― ·제42형은 패가 결론이다.

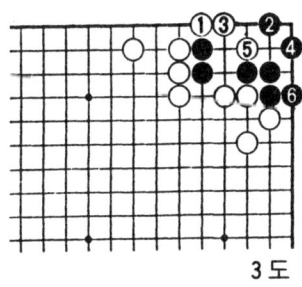

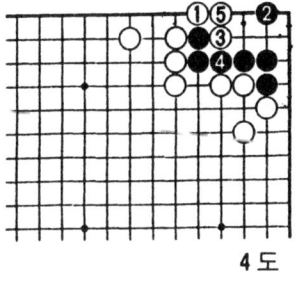

3 도   4 도

3 도 (변화) 백 1 에 흑 2 는 변화의 수단이다.

백 3 으로 두는 것은 계략이 부족하다. 흑 4, 6 으로 사는 모양이다.

4 도 (죽음) 흑 2 에는 백 3, 5 가 바른 수순으로 무조건 죽는다.

이 41~42형은 귀의 기본형으로 십분 중요하다.

제43형 백선

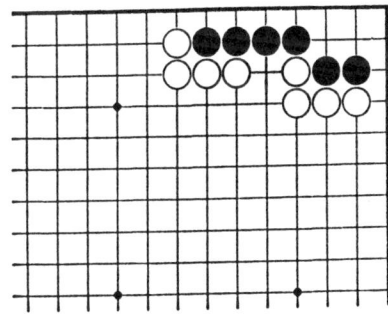

막대기 모양이다. 확실하게 잡는 수는 없을까?

2~3 급의 벽을 뛰어 넘을 수 있어야 하는 문제이다.

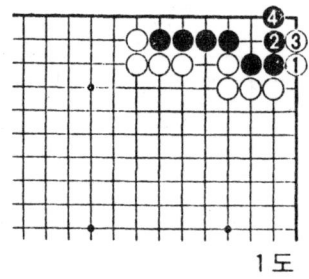

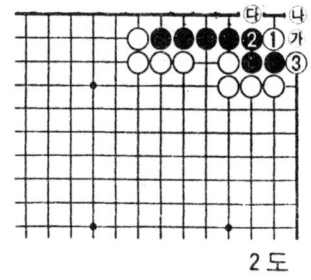

1 도   2 도

1 도(실패) 백 1 의 젖힘은 실패이다.

흑 4 까지 간단히 사는 모양이다.

2 도(정해) 백 1 의 붙임이 맥이다. 흑 2 에는 3 으로
간단하다.

이 모양은 후에 백 ㉮ 의 먹여치기에서 ㉯ 의 선수가 보
장이 되어 있는 곳이다.

제44형 백선

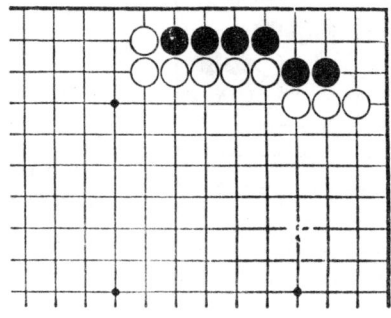

앞의 33 형의
문제와는 성질
이 다르다.

무조건 잡기
위해서는 세심
한 주의가 필요
하다.

제33형의 귀
의 변화를 염두
에 두자.

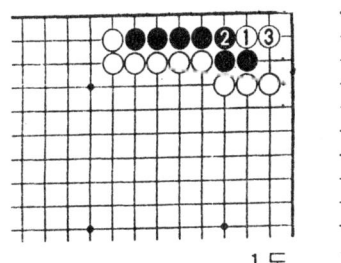 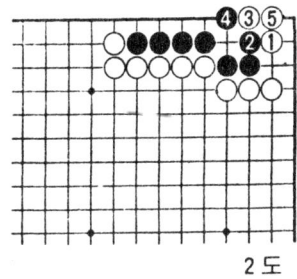

1 도   2 도

1 도(잘못) 백 1, 3 으로 잡는다고 생각하는 것은 잘못
이다. 흑 2 로 3 의 곳을 두어 산다.

2 도(건너뜀) 백의 첫수는 1 의 건너뜀이다.

흑 2 에는 백 3 으로 결함을 파고든다. 그러나   이렇게
간단히 죽을 자리가 아니다. 흑에게 저항책이 있기 때문
이다. 이것은 실전에서 흔히 나타나는 모양이다.

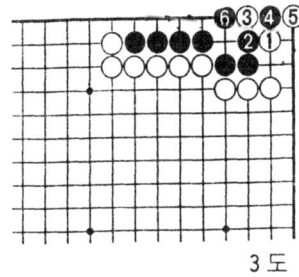 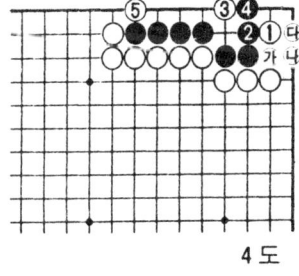

3 도   4 도

3 도(패) 백 3 에는 흑 4 의 먹여침이 있다. 다음에   6
으로 패가 나는 외길 수순이다.

패는 정답이 아니며 손해이다.

4 도(정해) 백은 3 의 치중으로 먼저 둔다. 이것이 정
해이다. 다음에 흑㉮, 백㉯, 흑㉰의 엿봄은 자충으로
불발이다. 요주의 — .

78

제45형 흑선

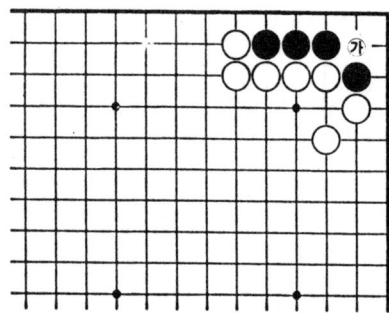

이런 모양도 간단하다.

흑은 어떻게 두어야 할까?

㉮의 이음은 안 된다. 공부가 필요한 곳이다.

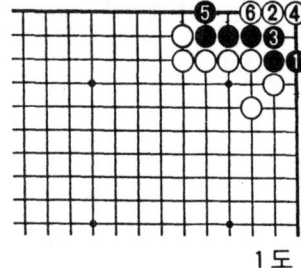

1 도

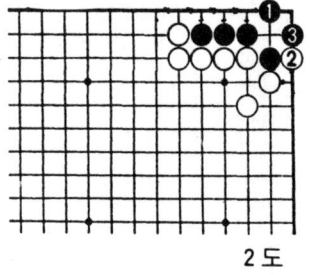

2 도

1 도(귀곡사) 혹 1 로 궁도를 넓히는 것은 백 2 이하 6 까지 귀곡사의 형태다.

2 도(정해) 이곳에서의 수는 혹 1 이다.

혹 1 의 호구에 백 2, 다음 혹 3 으로 패이다.

1 도와 큰 차이가 아닐 수 없다.

제46형 백선

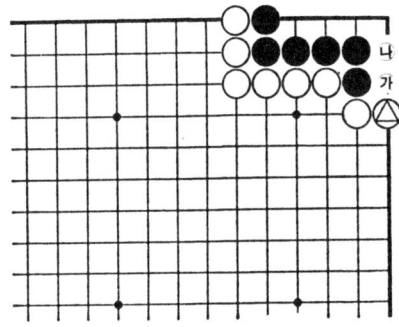

백 ㉔에는 흑 ㉕로 산다.

백 △가 내려 져 있는 특성을 이용하여 수단 의 여지를 살펴 보자.

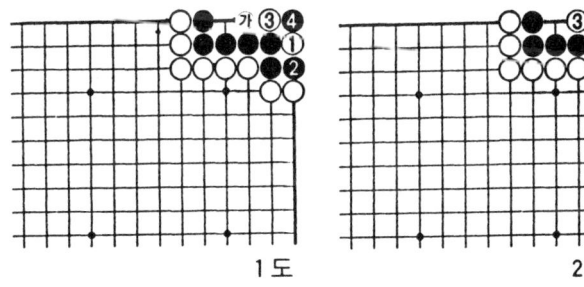

1 도   2 도

1 도(늘어진 패) 백1로 붙이는 것은 흑2 다음에 3 으로 젖혀서 늘어진 패이다.

이것은 정답이 아니다.

2 도(정해) 백1이 정수이다. 흑2에는 백3으로 늘어 서 4 까지 본패가 된다.

1 도와 상당한 차이이다.

제47형 백선

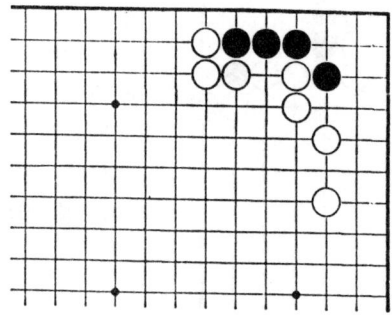

여기에서 흑을 정확히 잡는 수가 있어야 한다.

한수 한수의 수순이 정확해야 한다.

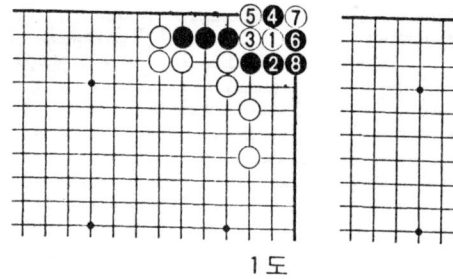

1 도   2 도

1 도(지나침) 1 의 곳 치중은 지나치다.

흑 8 까지 무조건 사는 모양이다. 수순중 흑 4 로 6 의 곳 젖힘은 백 4 로 패가 난다.

2 도(삶) 흑 1 의 붙임은 당연한가? 흑 2 에 백 3 은 흔히 범하는 오류이다.

흑 6 까지 사는 모양이다. 3 은 악수이다.

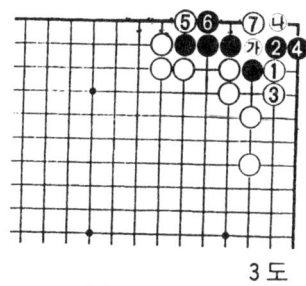

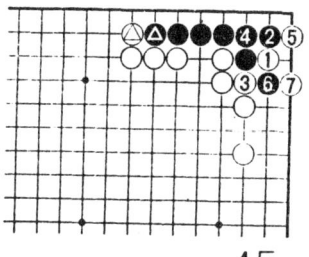

3 도   4 도

3 도(정해) 백 3 으로 단순한 뻗음이 정수이다. 흑 4 에
는 백 5, 7 로 결함을 파고든다.

2 도와의 차이가 역연하다. 5, 7 의 수순이 크게 좋다.
5 로 7 은 흑㉮로 되어 5 와 ㉯의 곳의 맞보기가 된다.

4 도(비상수단) 흑●와 백△가 교환된 모양이다. 이
런 모양에서는 5, 7 로 패가 최선이다. 기억해 둘만한 수
순이다.

제48형 흑선

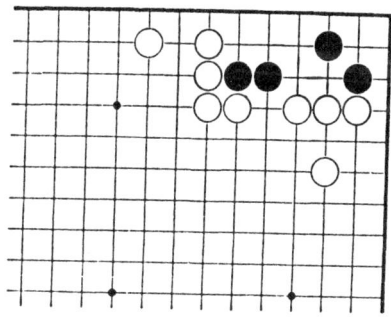

화점에서 눈
목자 굳힘에 침
입을 한 모양이
다.

흑선으로 살
수 있는 방법은?
경쾌한 맥이 요
구된다.

82

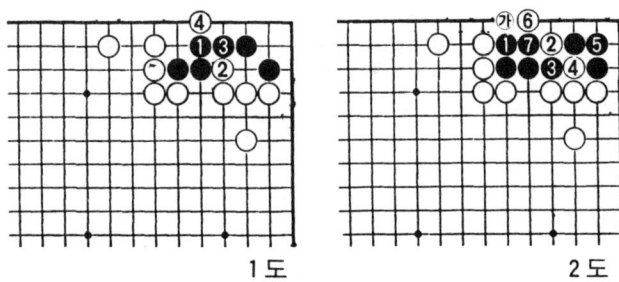

1도   2도

1 도 (잘못) 흑 1 로 움직이는 수. 백 2, 4 로 찌른다. 이렇게 되어서는 2 집을 확보할 수가 없다.

2 도 (백의 잘못) 흑 1 로 궁도를 넓히는 수에 백 2 는 잘못이다. 이것은 악수이다.

흑 7 로 ㉮ 는 생각할 수 없다.

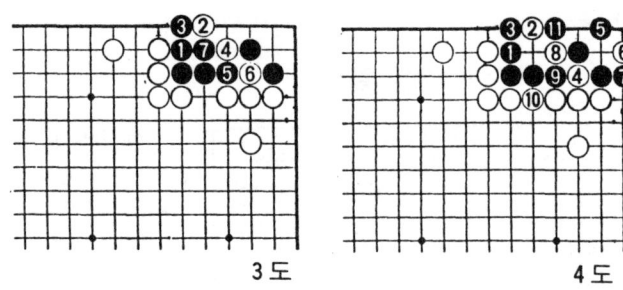

3도   4도

3 도 (삶) 흑 1 에는 백 2 의 치중이 있다.

흑 3 이 차단의 한 수이다. 4, 6 에는 7 까지 산다.

이것은 맥이 아니다.

4 도 (패) 백 2 에서 4 의 찌름까지 ─ · 흑 5 에는 백 6 다음 이하 11까지 패가 난다.

백 6 으로 7 도 흑 6 으로 같은 패이다.

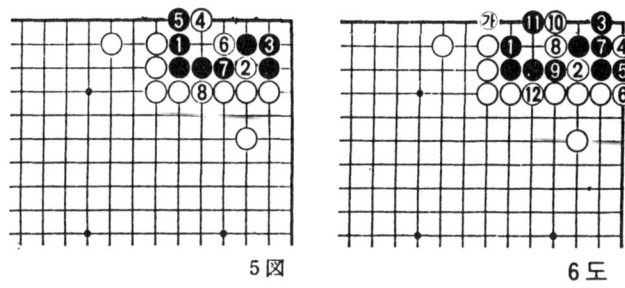

5 図   6 도

5 도 (바른 수순) 흑 1 에는 단순히 2 로 두는 것이 바른 수순이다. 백 8 까지 맥이 연결이 된다.   흑에게는 저항책이 없다.

6 도 (자충) 예로서 흑 3, 5 로 두는 것은 백 10 의 내려서는 맥이 있다. 12 까지 전체가 자충이 된다. 흑 1 로 내려서는 것은 정해가 아니다. 흑 ㉮ 로 젖혀있는 상태라면 1 로 산다.

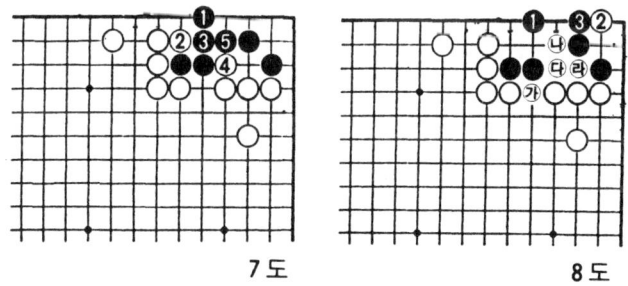

7 도   8 도

7 도 (정해) 흑 1 이 경쾌하다. 백 2, 4 에는 5 로 꽉 이어서 산다. 1 로 움직이는 것이 1 도와 비슷한 해답이다.

8 도 (변화) 백 2 의 급소의 압박에는 흑 3 으로 좌우를 연결하는 수가 입체적이다.

(백 ㉯, 흑 ㉰, 백 ㉱ 까지 — ·)

84

제49형 백선

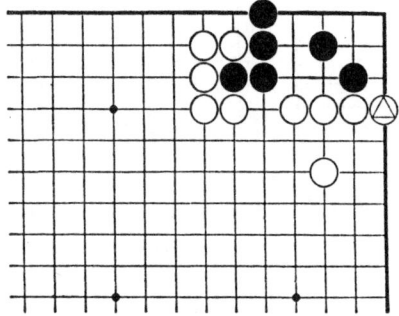

순조롭게 두
어서는 죽지 않
는다.

백⊘표의 내
려섬이 십분 위
력을 발휘한다.

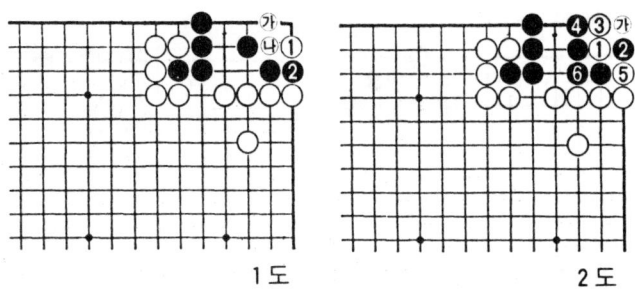

1 도　　　　　　　　　　2 도

1 도(급소인가?) 백 1 이 일견 급소같이 보이는 곳.
그러나 흑 2 로 받아서 후속 수단이 없다.
계속하여 백 ㉮는 흑 ㉯까지 패도 없다.

2 도(맥) 1 로 붙이는 수가 맥이다. 흑 2 의 단수에는
백 3 으로 뻗는다. 그러나 5 로 끊는 수가 경솔하여 흑 6
으로 사는 모양이다.

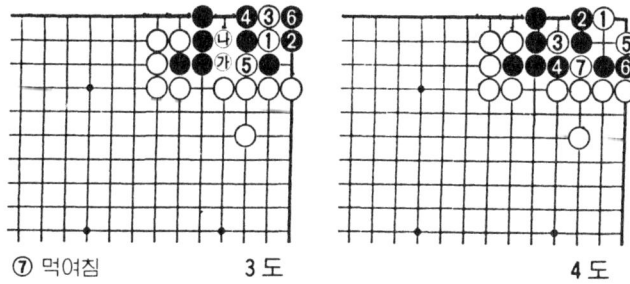

⑦ 먹여침　　　　　　3도　　　　　　　　4도

3도(정해) 백 5로 위쪽을 끊음이 정수이다. 흑 6으로
2점을 잡으면 7로 1의 곳을 먹여치는 수가 있어서 안
된다. 흑 4로 5는 백 ㉮, 흑 ㉯, 백 4로 되어서 죽는다.

4도(같은 정해) 백 1로 두어도 죽는다. 흑 2는 한 수.
백 3이하 7까지 뒤가 떨어진다.

백 3, 5의 수순이 좋다.

제50형 백선

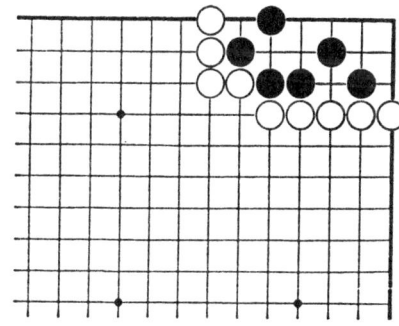

좌우에 일선
의 내려섬이 있
다.

무조건 잡아
야 하며 패는 충
분하지가 않다.

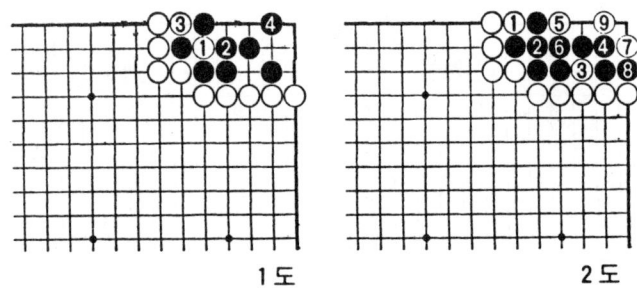

1 도   2 도

1 도 (삶) 백1, 3 은 4 까지로 패가 나지 않는다.

공격을 하는 맥이 틀렸다.

2 도 (패) 백1 로 단순히 단수하는 것은 7, 9 의 자충을 유발하는 패가 난다.

본도의 백7 은 9 로 두면 혹8, 백7 로 되어서 같은 패가 난다. 백1, 혹2 의 교환이 문제이다.

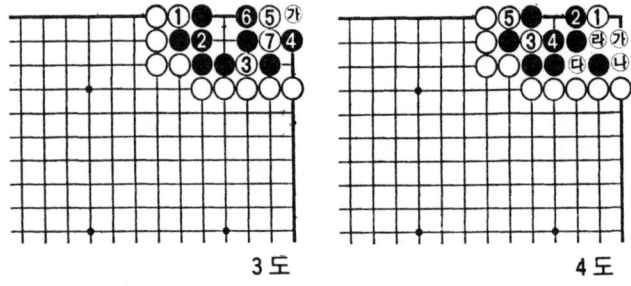

3 도   4 도

3 도 (악수) 전도의 수순중 혹4 의 단수는 악수이다.

백5 의 치중으로 무조건 죽는다. 계속하여 혹이 ㉮로 2점을 때리면 백7 의 먹여치기는 상식이다.

4 도 (패) 백1 은 모양의 급소이다. 혹2 로 되어 패 이상은 나지 않는다. 백5 에 계속하여 혹3 으로 이을 수는 없다. 백㉮, 혹㉯, 백㉰이다.

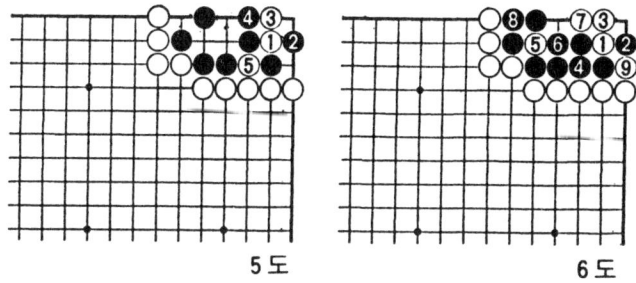

5 도   6 도

5도(맥) 백1은 정해의 1보이다. 흑2, 4에는 간단히 5까지 되어서 죽는다.

6도(정해) 흑은 2, 4가 최강의 저항이다. 백5는 패를 피하려는 수. 백7의 꼬부리는 방향이 교묘한 수이다. 흑8로 한집 밖에 만들 수가 없다.

제51형 백선

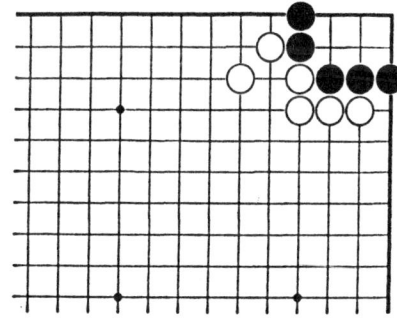

막대기 모양과 비슷하다.

귀에서 한 수를 생략하고 있다.

어쨌거나 이 모양은 완전하지가 않는데 — ·

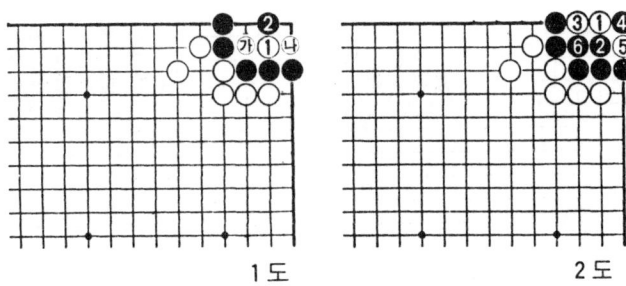

1 도   2 도

1 도(삶) 백 1 은 악수이다. 흑 2 다음에 ㉮와 ㉯가 맞보기가 되어서 산다. 여기에서 귀의 특성이 신중함을 기해야 한다.

2 도(이을 수 없다) 백 1 이 모양의 급소인데 흑 2 에 3 으로 끄는 것은 잘못이다.

백 4, 6 으로 이을 수가 없다.

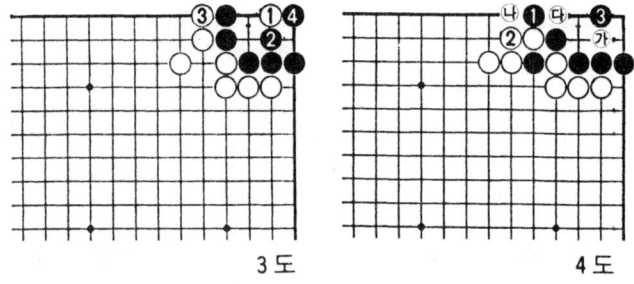

3 도   4 도

3 도(정해) 백은 3 으로 단순히 조이는 것이 좋다.

흑 4 로 집어 넣어서 패가 나는 것이 바른 수순이다.

귀의 1 의 1 이 급소.

4 도(젖힘) 예를 들어보자. 흑 1 이 선수인 상태에서는 3 까지 사는 모양이다. 흑 3 을 ㉮로 두면 백 ㉯, 흑 ㉰ 백 3 으로 3 도와 비슷한 패가 난다.

제52형 백선

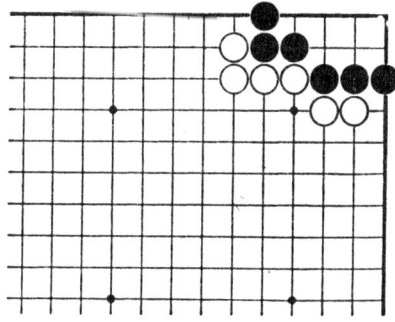

이런 형태는 조금 공산이 있는 편이다. 무조건은 살 수가 없다.

첫수의 제1감에 흑의 최선의 응수가 기대된다.

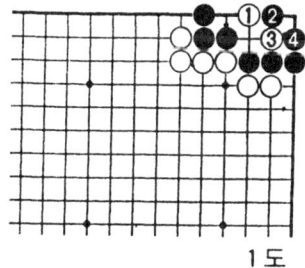

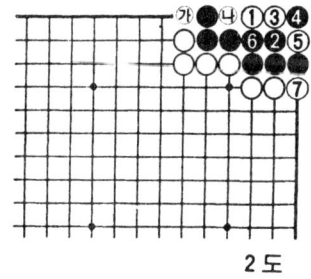

1도   2도

1도(패) 백은 1의 한 수이다. 여기에서 흑이 2로 붙이면 간단히 패가 난다. 그러나 정해는 아니다.

2도(정해) 흑은 2로 응수하는 방법이 있다. 백3이하 7까지 패이다. 다음에 ㉮, ㉯로 되어 본패이다. 즉, 현재는 한 수 늘어진 패이다. (1도는 본패) 백7로 ㉮의 곳 이음은 귀곡사가 되지 않는다.

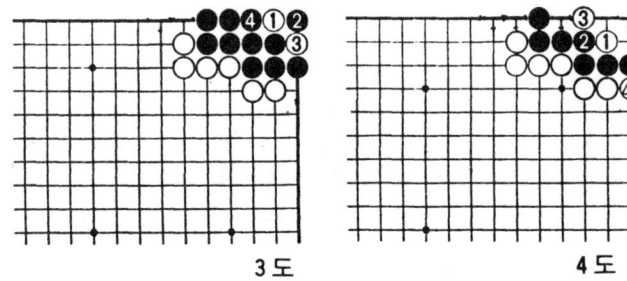

3 도   4 도

3 도(이을 수 없다) 전도의 설명 뒤에도 혹이 4 점을 때리고 난 다음에 백 1 로 두는 것은 **2, 4** 로 되어서 사는 모양이다. 전도의 패보다 좋지 않은 결론이다.

4 도(차이) 백△로 내려서서 공배를 메우고 있다면은 백 1 의 붙이는 맥이 성립을 한다. **3** 까지 무조건 죽는다. 이것어 공배하나의 차이이다.

제53형 백선

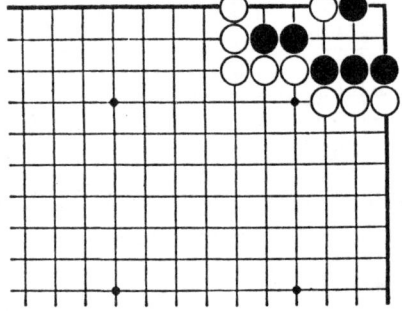

관서 기원의 하시모도 9 단의 묘수풀이다.

백의 첫수가 정해를 유발시킨다.

어느곳일까?

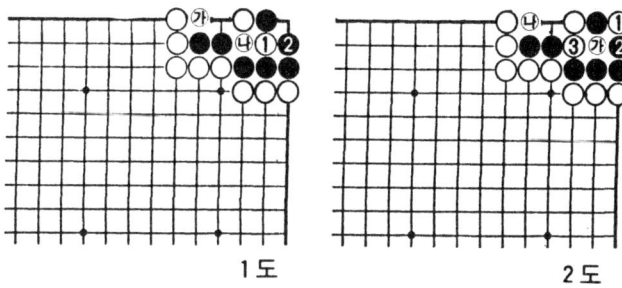

1 도   2 도

1 도(실패) 백 1 의 단수는 제 1 감이다. 흑 2 로 되어서 패이다. 패는 충분하지 않다.   백 1 로 ㉮는 흑㉯이다.

또, 백㉯로 흑 1 은   간단히 산다.

2 도(정해) 흑 1 로 집어 넣는 것이 교묘한 수이다.

흑 2 에는 3 으로 뻗어 자충이다. 흑 2 로 ㉮는 백㉯이다.

제 54 형 백선

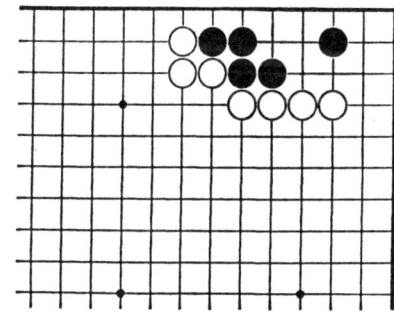

백의 눈목자 정석에서 흑이 침입을 한 모양이다.

흑에 대한 확실한 수단은?

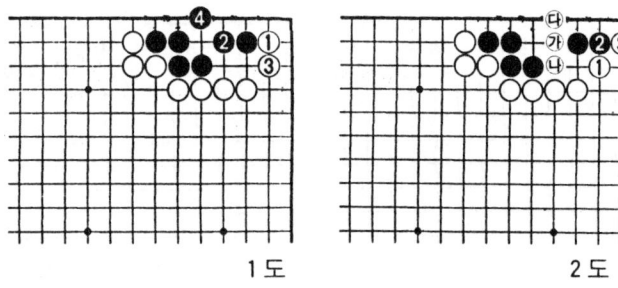

1 도   2 도

1도(실패) 백1의 붙여 3으로 끄는 것은 흑이 2, 4
로 되어서 사는 모양이다.

이것은 실패이다.

2도(정해) 백1의 마늘모가 정수이다.

흑2에 백3의 젖힘 다음에는 흑이 2집을 확보할 수
가 없다. 백1이 좋은 수이다.

제55형 백선

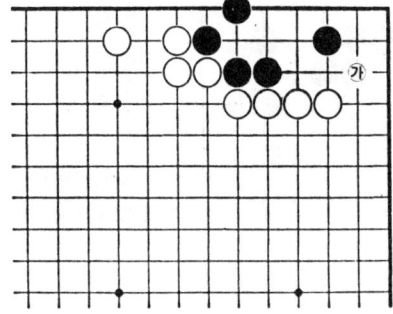

앞형과 비슷
하다. 과연 이
흑을 잡는 수는
있을까?

백㉮로 두는
것이 맥일까?

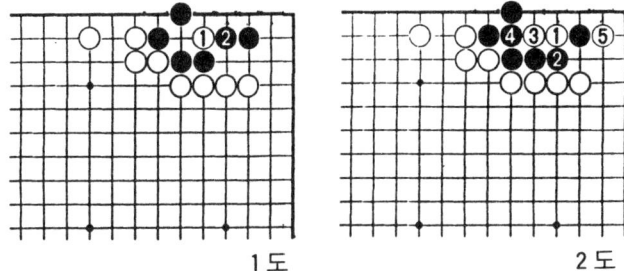

1 도   2 도

1 도 (속맥) 백 1 로 건너붙이는 것은 속맥이다. 흑 2 로
되어서 사는 모양이다. 백의 후속 수단이 없다.

2 도 (정해) 백 1 의 붙임에서 3 으로 나가는 수이다.

흑 4 의 이음에는 비로소 5 로 붙인다. 처음에 5 의 곳
을 성급히 붙이는 것은 흑 1 로 되어 산다.

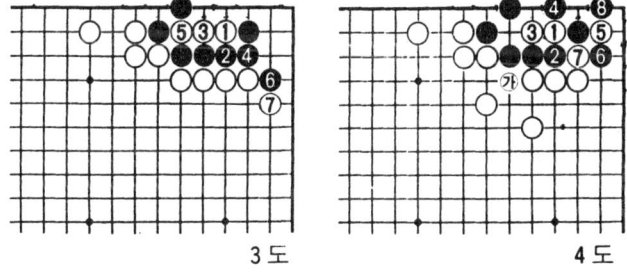

3 도   4 도

3 도 (변화) 백 1, 3 에 흑 4 의 이음의 변화이다.

백 5 로 귀의 활로는 없다.

4 도 (공배) ㉮의 공배가 있다면 어떨까? 여기에서는
백 1, 3 에서 흑 4 의 강력한 저항이 있다. 계속하여 백 5
에는 6, 8 로 패이다.

공배가 삶에 영향을 미친다.

제56형 백선

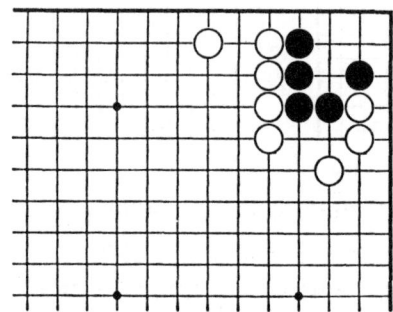

일견 흑이 엷은 모양이다. 공격하는 바른 맥을 생각하여 보자.

당연히 무조건 잡아야 한다.

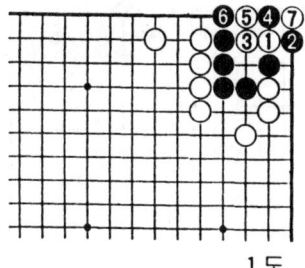
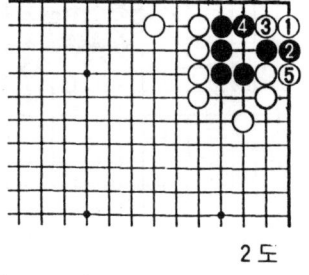

1 도   2 도

1 도(패) 백 1 의 붙임을 볼 수 있다.

흑 2, 백 3 은 당연하다. 이것은 흑 4 이하 패가 나는 모양이다. 일련의 수순이지만 정수가 아니다.

2 도(정해) 백 1 의 치중이 맥이다. 다음에 백 3 으로 올라선 다음 5 로 바깥을 조여서 죽는다.

이 기본형은 1 도 1 의 붙임과 치중과의 관계 선택이다.

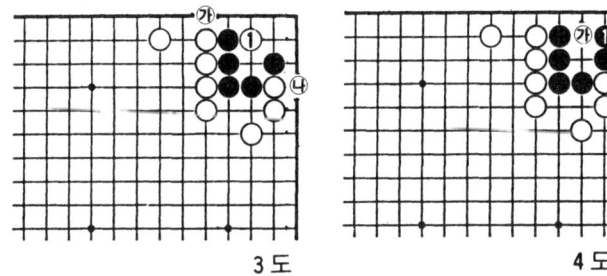

3 도   4 도

3도(같다) 이 모양에서는 백 1 의 붙임도 죽는다.

혹⑦의 젖힘이 있다면 1 의 붙임은 실패이다. 똑같이 혹⑭의 젖힘에는 **2도**의 백 1 의 치중이 성립하지 않는다.

4도(삶의 방법) 혹이 둔다면 1 의 곳이다.

1 로 ⑦로 사는것은 ⑭가 선수가 되어 손해이다.

제57형 백선

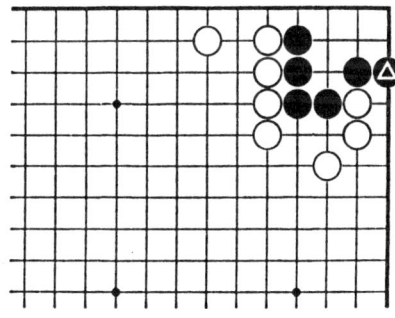

앞 형에서 혹 ●로 내려서 있는 모양이다.

백의 공격 방법은?

혹의 유력한 저항책을 생각해 보아야 한다.

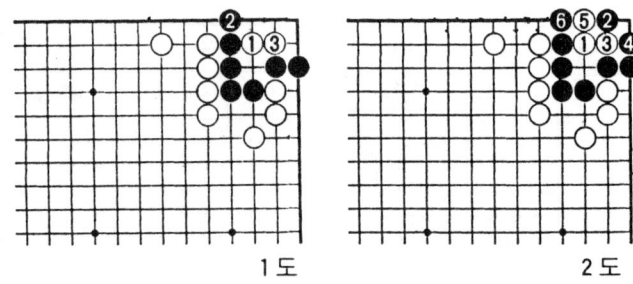

1 도

2 도

1 도 (간단) 백 1 의 붙임이 제 1 감이다. 흑 2 에는 백 3
으로 간단히 죽는다.

2 도 (저항) 흑 2 가 유력한 저항이다.

사활을 생각하는 방법은 상대의 응수를 고려할 필요가
있다. 백 3 은 악수이다. 흑 6 까지 사는 모양이다.

백 3 은 5 로 움직여도 같은 결과이다.

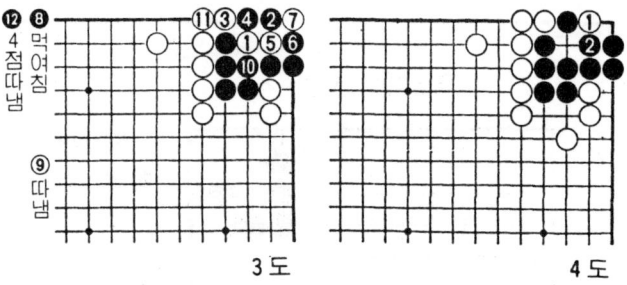

3 도

4 도

3 도 (3 이 맥점) 흑 2 에 대하여는 백 3 이 맥이다. 흑
4 에는 5 로 단수한다. 흑 6 으로 11 은 백 6 으로 된다.
백 6 에서 8 의 먹여치기까지 뒤가 떨어진다.

여기서 11 이 문제의 수다. 4 점을 따낸 후에 — .

4 도 (패) 백 1 의 단수에는 흑 2 로 패가 나는 모양이다.
이것도 정해가 아니다.

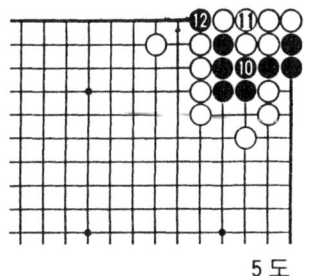 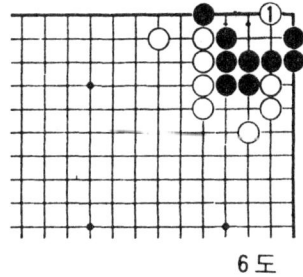

5 도   6 도

5 도(정해) 흑10으로 단수하면 백11로 7 점으로 크게 키워 죽이는 수가 맥이다.

흑12다음에 — ·

6 도(계속) 백 1 로 급소에 치중을 하면 이 흑은 살 수가 없다.

기억해 둘만한 곳이다.

제58형 백선

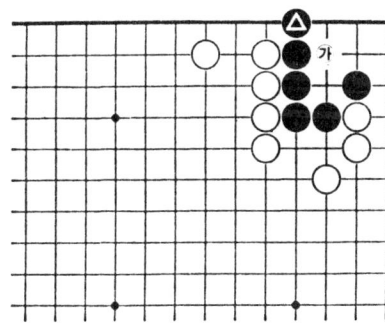

여기에서 흑 ●로 내려서 있는 모양이다.

공격의 맥점은? 백 ㉮의 붙임은 수가 나지가 않는다.

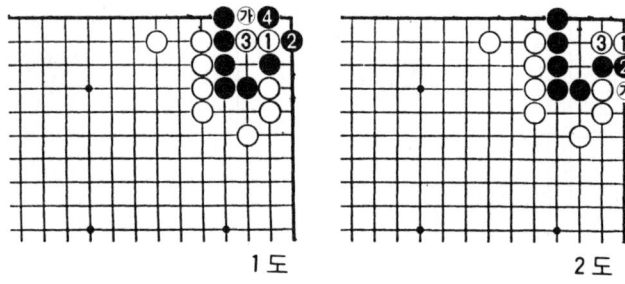

1 도   2 도

1도(실패) 백1의 붙임. 이것은 흑2, 4로 산다.

흑이 내려서 움직이는 것은 백 ㉮로 패가 나지 않는다.

2도(정해) 백1의 치중이 맥이다. 흑2에는 3으로 올라선다.

제58형에 ㉮의 젖힘이 있다면 백1의 치중은 성립하지 않는다.

제59형 백선

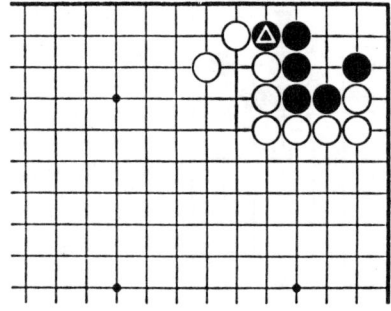

흑⊖로 늘어 있는 모양이다.

궁도가 넓어 백의 공격이 문제가 아닐 수 없다. 어디서부터 출발해야 할까?

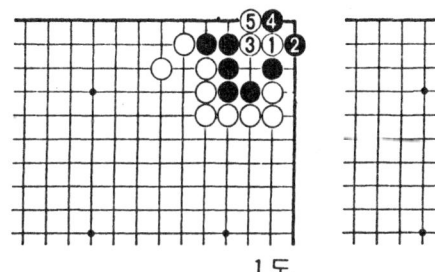 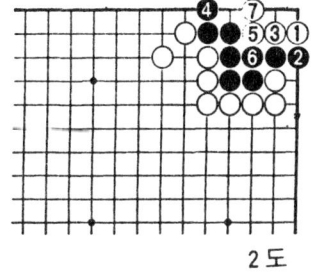

1 도	2 도

1 도(패) 백 1 의 붙임에는 흑이 2 로 받아서 다음 백 5 까지 패가 난다.

패는 충분하지가 않다.

2 도(정해) 본형도 백 1 의 치중부터 시작하는 것이 정해이다. 흑 2 에는 3 으로 올라선다.

흑 4 에는 5, 7 로 살수가 없다.

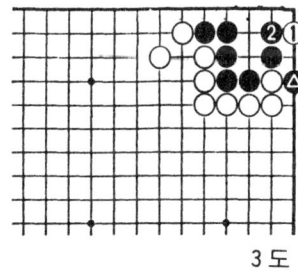 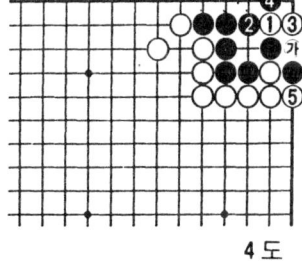

3 도	4 도

3 도(젖힘이 있다면) 기본형에서 흑●로 젖혀있는 모양이라면 백 1 은 성립하지 않는다.

4 도(흑 2 가 악수) 이곳에서는 1 의 붙임이 한수이다.

쌍방 정 수순으로 패가 정해이다.

본도의 흑 2 는 악수이다. 5 로 두어서 ㉮의 곳을 이을 수가 없다.

제60형 백선

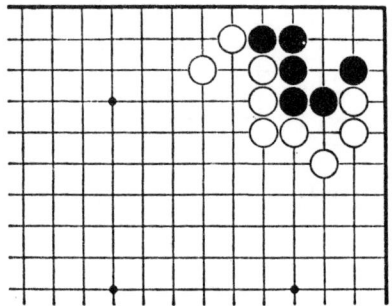

바깥쪽에 공배가 하나 있다.

백의 공격은 2종류이다. 붙임이냐? 치중이냐?

어느 것이 바른 수순일까?

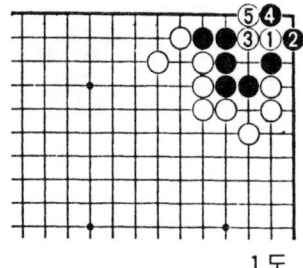

1 도

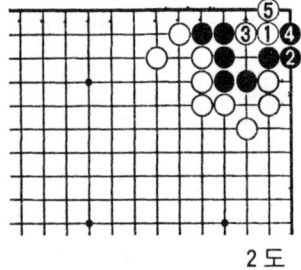

2 도

1 도(정해) 백 1 의 붙임에서 5 까지 패가 난다. 이것은 바깥쪽의 공배와 관계없이 패이다.

2 도(흑 2 가 악수) 흑 2 로 내려서는 것은 악수이다.

백 5 까지 무조건 죽는다. 흑 4 로 5 는 백 4 로 죽는다.

백 1 의 붙임에 대하여는 1 도의 흑의 젖힘을 생각하라. 공배가 있다면 패가 정해.

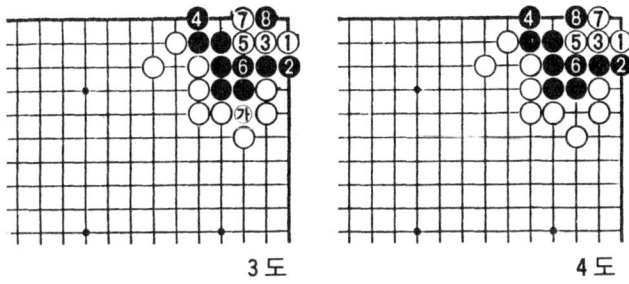

3 도   4 도

3 도(삶) 백 1 의 치중. 이것은 대문제이다.

흑 2, 백 3 은 필연. 다음에 흑 4 로 궁도를 넓힌다.

이하 7 까지 집의 형태를 갖는 것은 8 의 치중으로 이긴다. ㉮의 곳 공배의 효과이다. 백 8 의 치중이 없으면 5 궁도화가 된다.

4 도(늘어진 패) 백 7 로 두는 것은 흑 8 로 2 수가 늘어진 패이다.

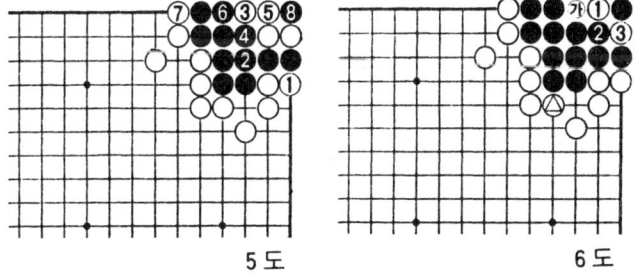

5 도   6 도

5 도(유력) 전도의 변화이다. 백 1 의 단수에서 3 의 마늘모가 유력한 맥이다.

흑 4, 6 다음 백 7, 흑 8 로 따내어 계속하여 — ·

6 도(패) 백 1 의 단수에는 3 까지 패이다.

백㉿가 공배를 하나밖에 남기고 있지 않아서 수단은 성립하지 않는다.

제61형 백선

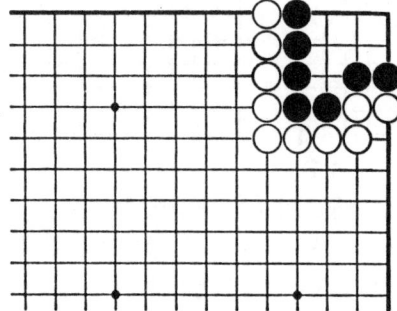

공배가 사활에 크게 영향을 미치는 것을 기술하여 보겠다.
정공법에 의한 급소는? 급소는 하나이다.

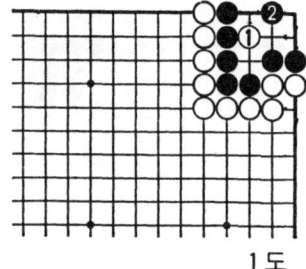

1 도

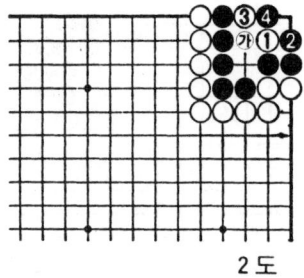

2 도

1 도(실패) 여기서 백 1 은 실패이다. 흑 2 로 받아서 후속수단이 없다.

1 로 2 의 곳을 두면 1 로 산다.

2 도(정해) 백 1 의 붙임이 정해이다. 흑 2 는 오직 이 한 수. 그러면 백 3 으로 되따냄을 엿본다. 흑 4 까지 패 가 나는 모양이다.

제62형 백선

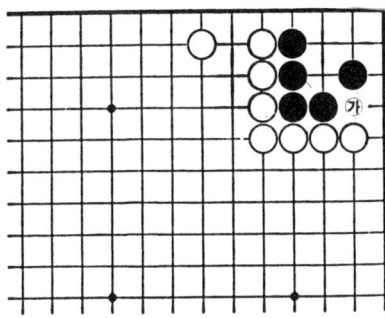

이것도 연구가 필요한 형이다. 백㉮로 둘 수는 없다. 옳은 공격방법은? 흑의 받음에 따라 공부가 다르다.

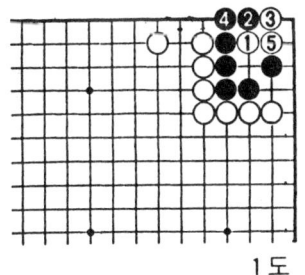

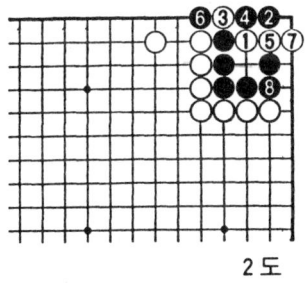

1 도   2 도

1도(무책) 첫수는 백 1 의 붙임을 생각하지 않을 수 없다. 여기에는 흑 2 가 좋지 않은 수. 백 5 까지 흑이 죽지 않을 수 없다.

2도(실패) 흑 2 가 유력한 맥이다. 백 3 에서 5, 7 은 8 까지 빅이 나는 모양이다.

이것은 무조건 살아 실패다.

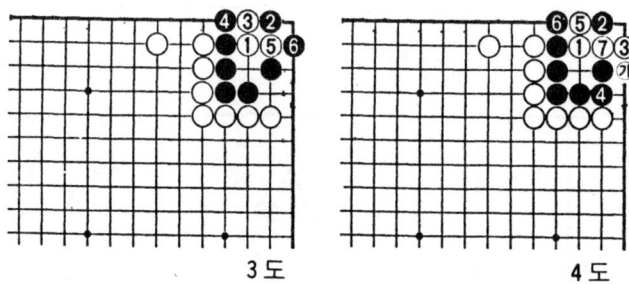

3 도   4 도

3 도 (패) 흑 2 에는 3 으로 둔다. 이하 5 까지 패이다.
여기에서 백에게 교묘한 수가 있다.

4 도 (유가 무가) 백 3 이 흑이 불각하는 수이다.

흑 4 에는 백 5, 7 로 유가무가의 형태다.

흑 4 로 7 은 백 ㉮이다. 백 3 은 공배가 없어 성립을
한다.

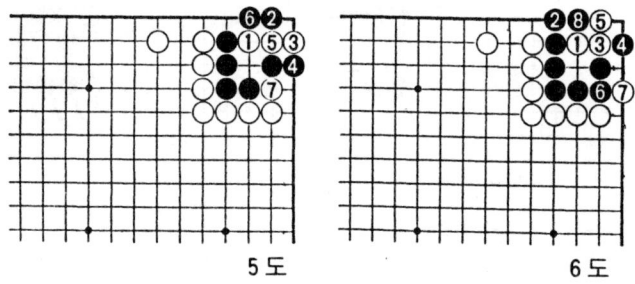

5 도   6 도

5 도 (죽음) 전도의 변화에서 흑 4 로 두는 것은 백 5, 7
로 죽는다. 2 도와 비교하여 쉽게 이해가 갈 것이다. 결
국 흑 2 는 악수로 실패이다.

6 도 (빅) 흑은 2 의 곳을 내려서는 것이 최강의 저항
이다. 백 3, 5 다음 8 까지 빅이 나는 모양이다. 백 5 는
공부가 부족하다.

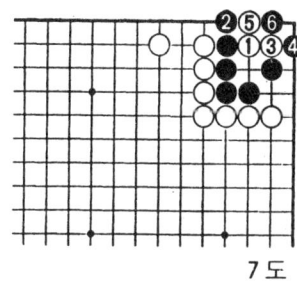

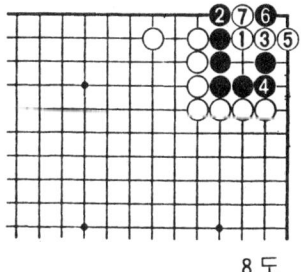

7 도   8 도

7 도 (정해) 백 5 가 정수이다.

본 형은 흑 6 까지 패가 나는 것이 정해이다.

백 5 는 지금까지 나온 상태에서 가장 새로운 수이다.

8 도 (죽음) 흑 4 로 궁도를 넓히는 것은 악수이다.

앞에서 나왔듯이 흑이 안된다.

7 도가 쌍방의 바른 수수이다.

제 63형 백선

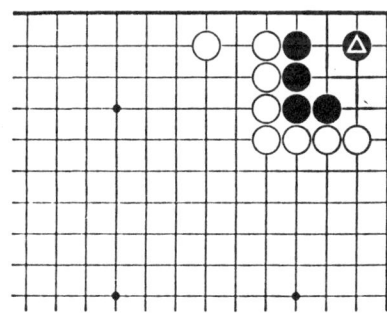

앞 모양에서 흑●로 한발 아래로 간 모양이다.

어떤 공격이 있는 곳일까?

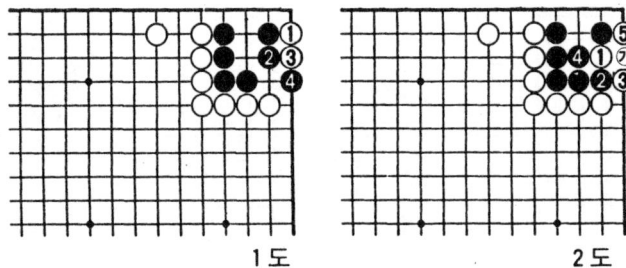

1 도 2 도

1 도(실패) 백 1 의 붙임에는 죽지 않는다. 흑 2, 4 로 크게 산다.

백 1 에서 3 까지 같은 모양으로 산다.

2 도(패) 백 1 의 붙임은 어떨까? 흑 2, 4 다음 5 까지 패이다.

이곳에서 패는 충분하지가 않다. 무조건 잡아야 한다.

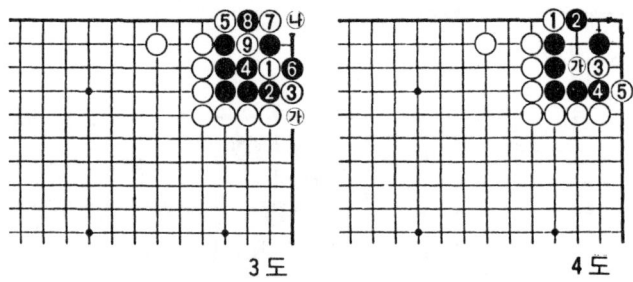

3 도 4 도

3 도(같은 패) 흑 4 에는 백 5 의 단수에 흑 8 까지 같은 패가 나는 모양이다. 본도에서 주의할 것은 백 9 에 계속하여 ㉮로 외측을 두는 것은 ㉯의 양패로 산다.

4 도(정해) 백 1 의 젖힘이 정수이다. 흑 2 는 한 수. 백 3, 5 다음 흑은 ㉮의 곳을 둘 수가 없다. 결론은 무조건 죽는다.

제64형 백선

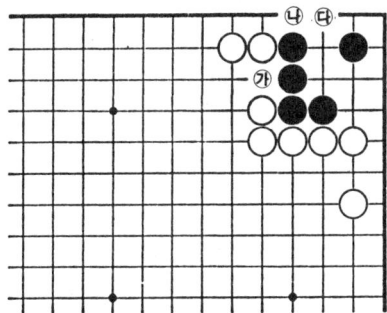

㉮의 곳에 공배가 하나 있다. 앞 모양에서 변형이 된 상태다. ㉯로 공격을 하는 것은 ㉰로 산다.

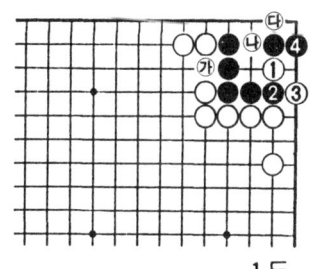

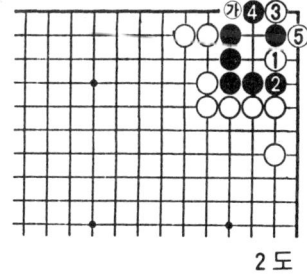

1 도　　　　　　2 도

1도(삶) 1로 공격하는 한 수이다.

백3으로 건너가는 것은 흑4로 실패이다. 무조건 사는 모양이다. 이것은 ㉮의 공배가 가치가 있다. 백3으로 4도 흑3, 백㉯, 흑㉰로 산다.

2도(정해) 백3의 붙임이 좋은 수이다.

㉮의 건너감을 4로 방지하면 5까지 패이다.

제65형 백선

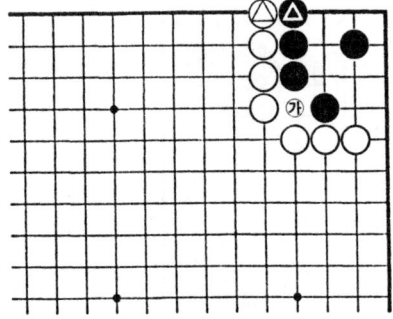

㉮의 곳에 결
점이 있다.
흑●와 백◎
의 교환이 있다.
백에서 공격하
는 수는?
맥점이 어디
일까?

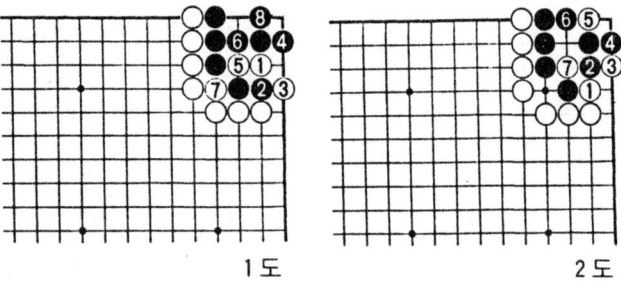

1 도   2 도

1 도(삶) 백 1 의 붙임이 제 1 감이다. 여기에는 흑 4 가
있다. 흑 4 로 5 는 6, 8 로 산다.

백 1 은 실패이다.

2 도(정해) 백 1 에서 3 의 평범한 수순이 좋다.

다음에 백 5, 7 이 맥이다.

이는 무조건 죽는다.

제66형 백선

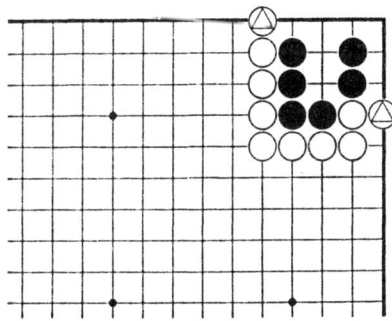

백△표가 양쪽에 내려있는 모양이다.

△가 위력을 발휘한다. 수순에 주의를 하여야 한다.

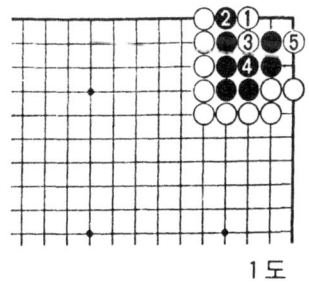

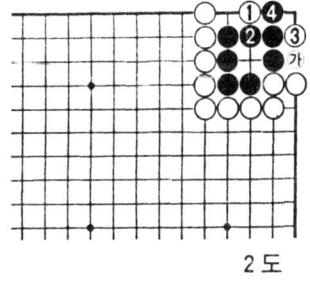

1 도   2 도

1 도(전멸) 1 의 치중에서 5 까지 흑의 자충을 이용하는 수이다. 다음 도가 있다.

2 도(실패) 백 1 에는 흑 2 로 한 집을 내는 것이 냉정한 수이다.

백 3 으로 붙이면 흑 4 로 알기쉽게 산다. 이것은 노림이 잘못이다. 흑 4 로 ㉮는 백 4 로 흑이 안된다.

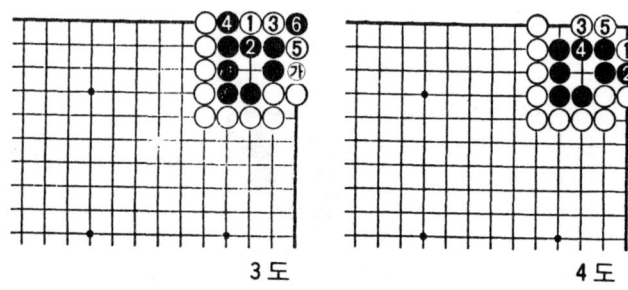

3 도   4 도

3 도(삶) 흑 2에 백 3, 5로 두는 것은 일견 성공으로 보이나 흑 6으로 2점을 잡고 보면 ㉮의 곳 자충이 해소된다.

4 도(정해) 일은 간단하다. 백 1을 먼저둔다.

흑은 2의 한 수. 다음에 백은 3의 곳을 두어 성취시킨다. 흑의 군단이 여하한 저항을 할 수가 없다.

제67형 흑선

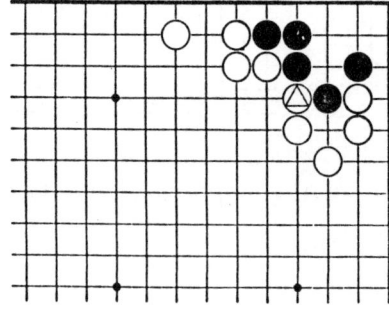

백㉮로 갈라 결함이 생긴 모양이다.

패가 나는 것이 결론이다.

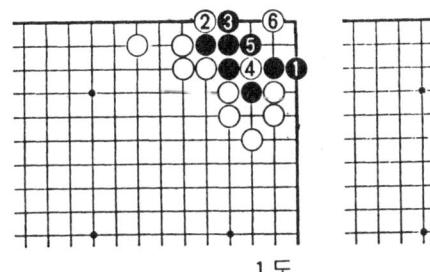 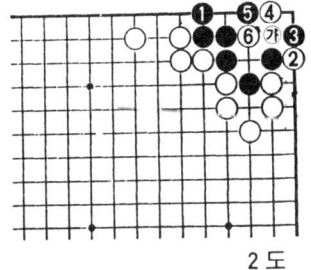

1 도   2 도

1도(무책) 활로를 넓히는 것이 대원칙이라하여 1의 곳을 두는 것은 백 2, 4 로 궁도를 좁힌 다음에 5 궁의 급소를 백 6 으로 치중한다. 혹 1 은 악수이다.

2도(정해) 혹 1 로 반대쪽의 궁도를 넓히는 것이 정해이다. 백 2, 4 는 맥. 이하 6 까지 패가 나는 모양이다. 이것이 정해이다. 백 2 로 단순히 4 는 혹 5, 백 6 다음 혹 ㉮로 되는 것을 주의.

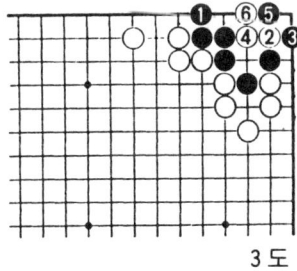 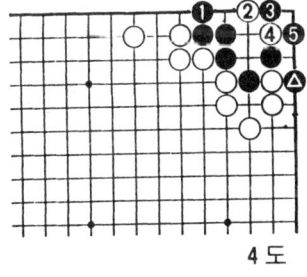

3 도   4 도

3도(같은패) 혹 1 다음 백 2 로 붙이는 것은 6 까지 패가 나는 모양이다. 이것도 정해이다.

백 2 로 6 은 혹 5, 백 2, 혹 3 으로 패의 모양이다.

4도(젖힘이 있다면) 혹▲의 젖힘이 있는 곳이라면 백 2 의 한 수이다. 2 도, 3 도의 백 2 로는 수가 안된다. 기본형의 결론은 패가 정해이다.

112

제68형 흑선

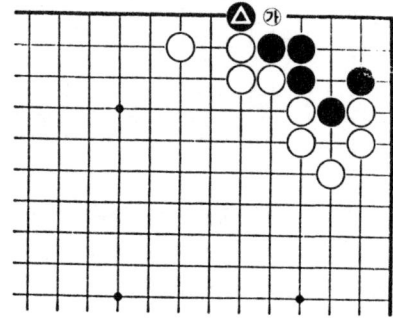

앞 문제에서 흑●의 젖힘이 있다.

여기에서 흑 ㉎로 두면 앞 문제와 비슷하다.

어떻게 두는 게 맥일까?

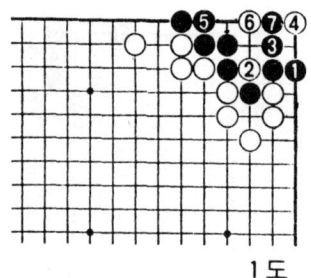

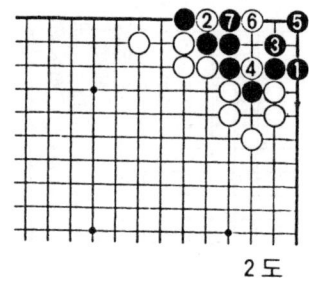

1 도   2 도

1 도(유력) 흑 1 로 내려서 궁도를 넓힌 다음에 3 으로 두는 것이 좋은 수이다.

백 4 에는 5, 7 로 산다. 또 백 4 로 5 는 흑 4 로 같은 삶이다.

2 도(삶) 백 2 로 궁도를 좁히는 것은 흑 3 이 호수이다. 이하 7 까지 교묘하게 산다. 백의 공격은 다음 도이다.

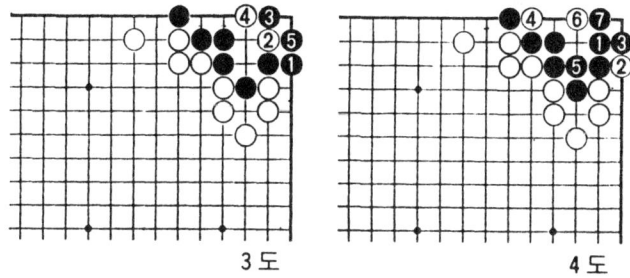

3 도   4 도

3 도(패) 1～2도에서 보았듯이 2의 곳이 급소이다. 흑3, 5로 패가 난다. 그러나 이것은 정해가 아니다.

4 도(정해) 흑1로 두는 것이 무조건 사는 수이다. 젖힘에는 3으로 움직인다.

수순중 백4로 5는 흑4로 잇는다. 이것이 사활문제의 중대한 차이다.

제69형 흑선

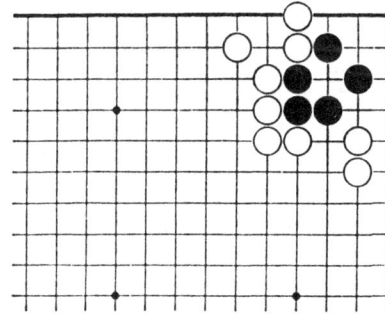

묘수풀이의 형태. 급소는 어디일까? 한 점의 주의를 요한다.

114

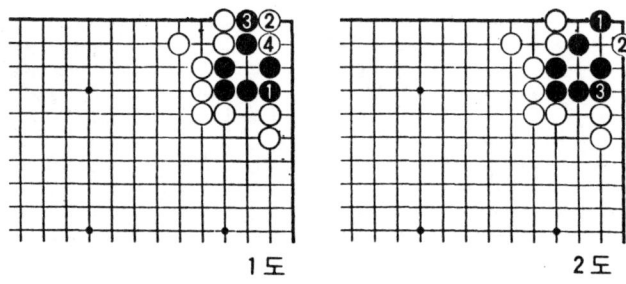

1 도

2 도

1도(실패) 흑1은 경솔하다. 그러면 백은 2, 4로 결행하는 맥이 있다.

2도(정해) 흑1이 급소이다. 백2에는 3으로 받아 사는 모양이다.

삶의 방법, 죽이는 방법을 동형의 변형으로 나타내보았다.

제70형 흑선

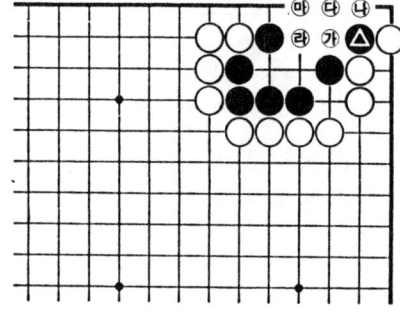

좁은 곳이다. 흑● 표가 사활에 영향을 미치고 있음을 생각해야 한다.

흑선으로 둘 수 있는 곳은 ㉮에서 ㉺까지이다.

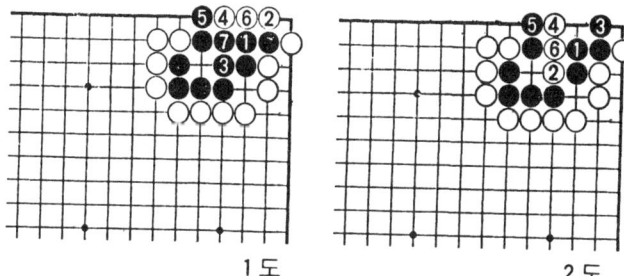

1 도   2 도

1 도 (기대) 흑 1 의 이음은 백 2 를 기대하는 수이다. 그
러면 흑 3 이 좋은 수이다.

백 4 로 눈을 빼앗으면 5, 7 로 조여서 사는 모양이 된
다. 그러나 다음도가 있다.

2 도 (죽음) 흑 1 에는 백 2 로 급소를 습격한다.

흑 3 엔 6 까지 죽는다. 결국 흑 1 의 이음은 무조건 죽
는다.

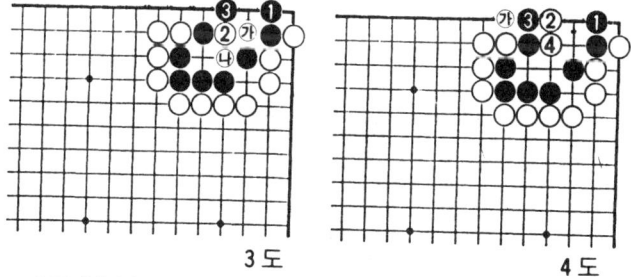

3 도   4 도

3 도 (착오) 흑 1 의 내려섬은 궁도를 크게 넓힌 수이다.
백 2 에는 3 의 젖힘이 ㉮와 ㉯를 맞보기로 하여 사는 수
이다. 본도는 수순착오이다.

4 도 (맥) 흑 1 에는 백 2 의 치중이 급소이다.

흑 3 은 한 수. 다음 백 4 로 되어 나중에 ㉮의 곳 단수
가 있어 흑이 죽는다.

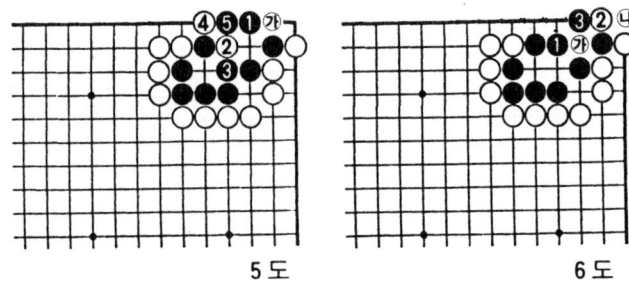

5 도   6 도

5 도(정해) 흑 1 의 호구가 정해이다. 백 2, 4 에는 5
까지 패가 난다. 또 백 2 로 ㉮하여도 같은 패이다.

6 도 (2 단패) 이 모양에서 흑 1 은 2 단패이다.

5 도보다는 떨어지는 패이다.

이긴다하여도 ㉯의 곳 패가 남는다.

제71형 흑선

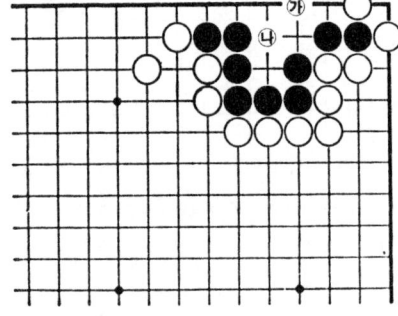

이것도 호구
치는 방법이 문
제이다.

이을 것이냐
㉮, ㉯의 호구
냐?

공부가 필요
한 곳이다.

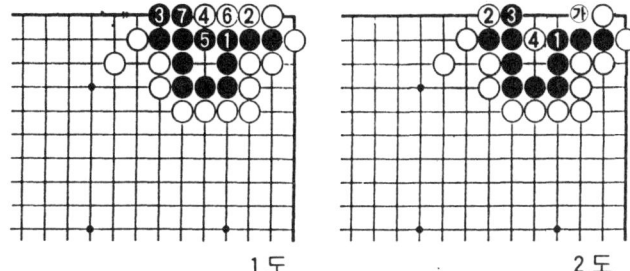

1도 2도

1도 (비슷하다) 흑1의 이음은 악수이다.

백2에는 앞문제와 같이 흑3으로 궁도를 넓힌다.

이하 7까지 뒤떨구기가 생긴다.

2도 (실패) 흑1에는 2의 날카로운 젖힘이 있다. 흑
3에는 4의 치중으로 죽는다. 1도와 비슷한 관계이다.

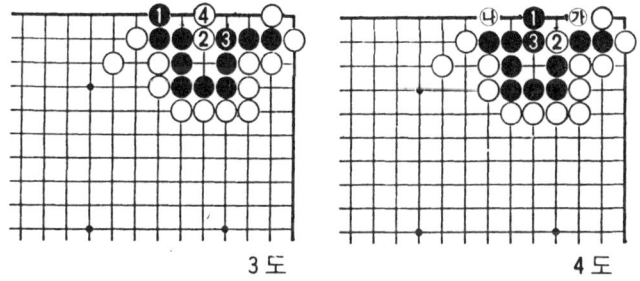

3도 4도

3도 (실패) 흑1로 궁도를 키우는 것은 백2, 4로 죽
는다.

백2로 3의 곳 끊음에는 흑2로 되어서 실패이다.

4도 (유력) 흑1이 유력한 맥이다.

백2에는 3으로 산다. 또 백2로 ㉮도 흑㉯가 좋다.

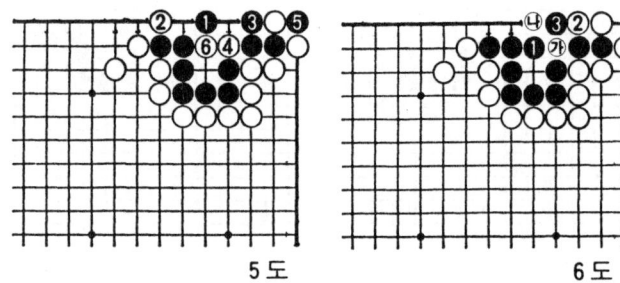

5도   6도

5도(실패) 흑1에는 백2로 외곽을 공격한다.

다음 흑3은 궁도를 넓히는 수. 다음 4, 6으로 끊겨서 패가 난다.

6도(정해) 흑1은 급소. 백2에는 3으로 틀어 막는다. 다음에 2점을 때리면 흑은 되따낸다.

백2로 3은 흑㉮, 백2, 흑㉯가 맥이다.

제72형 흑선

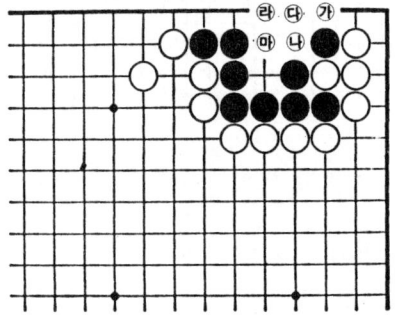

앞 문제와 비슷하다.

이곳은 ㉮에서 ㉰까지의 수단의 공부가 필요한 곳이다. 정착은?

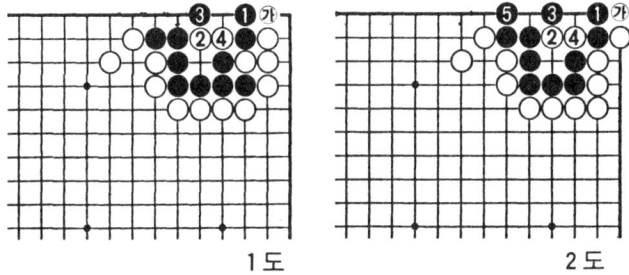

1 도 | 2 도

1 도(실패) 흑 1 로 두는 것은 백 2 의 한수가 있다. 여기에서 4 까지 — · 다음에 ㉮의 단수로 죽는다.

2 도(귀의 특수성) 1 도를 전체 귀쪽으로 움직여 둔다면 귀의 특수성이 생긴다.

백 2, 4 다음에 ㉮로 조일 수가 없다. 이것이 사활의 모양에 따른 변화이다.

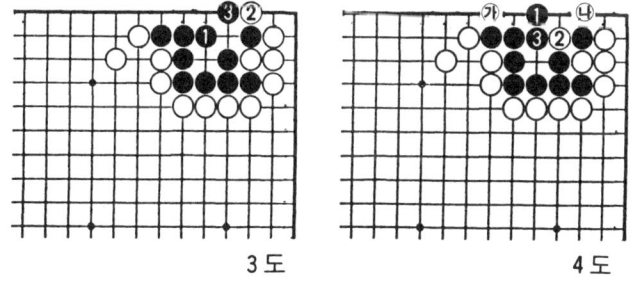

3 도 | 4 도

3 도(패) 흑 1 에는 백 2 로 젖혀서 패이다.

앞 형과 비교하여 보자. 그러나 패는 정해가 아니다.

4 도(정해) 흑 1 의 마늘모가 정해이다.

백 2 에는 흑 3 의 단수. 다음에 ㉮와 ㉯가 맞보기의 관계이다.

제73형 백선

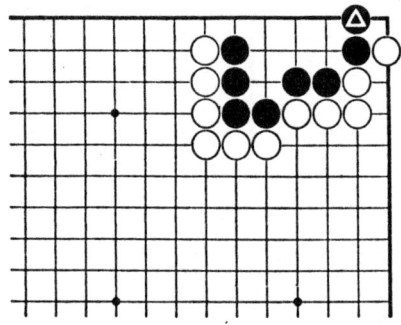

지금 흑●로 내려서 있다.

다음, 백의 공격을 생각하여 보자.

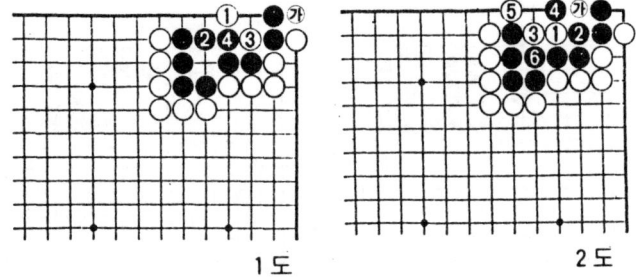

1 도   2 도

1도(급소인가?) 백 1 은 일견 급소 같지만 흑 2 로 산다. 백 3, 흑 4 에 계속하여서 백 ㉮로 누르는 수가 없다.

2도(이맥) 백 1 의 붙임은 어떨까? 흑 2, 이 한수이다. 백 3, 5 로 움직이면 6 까지 사는 모양이다. 백 3 으로 4 는 흑 3, 백 5, 흑 ㉮ 까지 —·1 도, 2 도를 비교하여 보자.

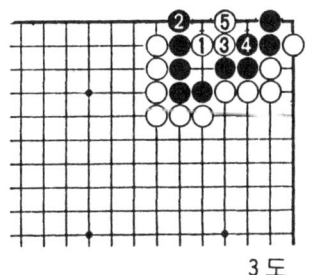
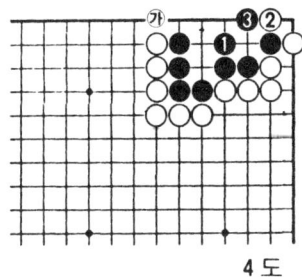

3 도   4 도

3 도(정해) 백 1 의 붙임이 정해이다. 흑 2 에는 백 3, 5 가 좋은 수순이어서 죽는다. 흑 4 로 5 는 백 4 로 되어서 빅이 나지 않는다.

4 도(패) 기본도의 흑⚫의 내려섬으로는 흑 1 로 두어야 한다. 백 2 에는 3 으로 받아서 패이다. ㉮의 곳에 젖혀 있다면 무조건 산다. 3 도의 백 1 이 성립이 되지 않는다.

제74형 백선

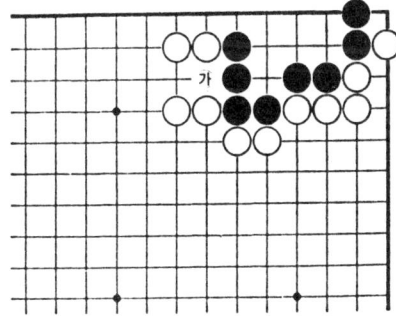

앞 문제에서 ㉮의 곳에 공배가 있다.

어떤 영향을 미칠까? 바른 결론을 찾아보자.

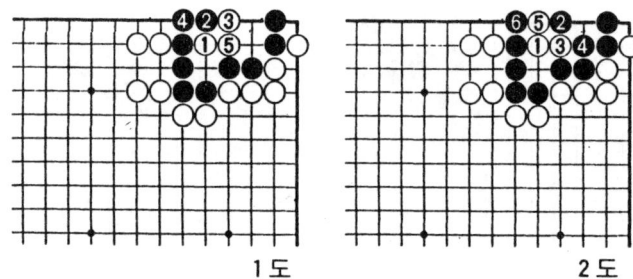

1 도　　　　　　　　　　2 도

1 도 (무저항) 백 1 의 붙임에 흑 2 의 젖힘. 3 의　단수
에　4 의 곳 이음은 무저항으로 간단히 죽는다.

2 도 (변화) 백 1 에는 흑 2, 이 수가 유력한　저항수단
이다.

백 3, 5 가 악수. 흑이　6 까지 사는 모양이다.

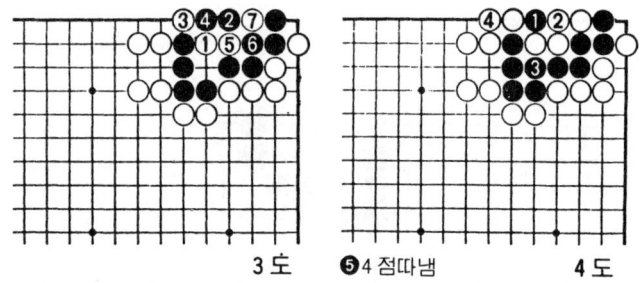

3 도　　　❺ 4 점따냄　　　4 도

3 도 (부딪힘) 흑 2 에는 백도　3 에서　5 로 부딪혀 나간
다.

흑 6, 백 7 은 당연하다.　계속하여 — ·

4 도 (추락) 흑 1 로 먹여쳐 백 2 다음에　3 으로　조여
4 점이 떨어진다.

당연히 백 5 로　4 점을 때린다.

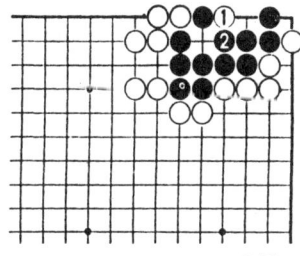 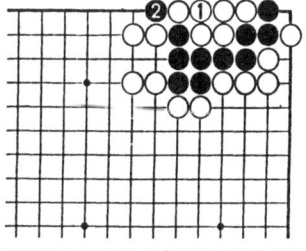

5 도   ③집어넣음(1의 오른쪽) 6 도

5도(패) 백1의 단수에는 흑2로 패이다.

그러나 이것은 정해가 아니다.

6도(정해) 4도에 계속하여서 백은 1의 곳을 잇는다.
이것은 죽는 모양이다.

본도의 모양은 제57형과 같다.

이것이 결론이다.

제75형 흑선

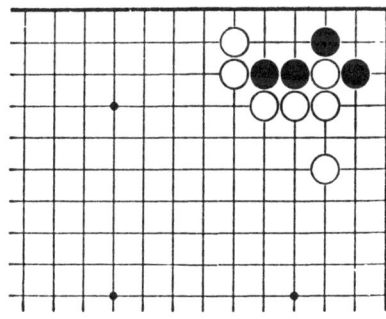

귀곡사가 나타날 수 있는 모양이어서 주의를 요해야 한다.

삶을 도모하려면 흑은 어떻게 두어야 할까?

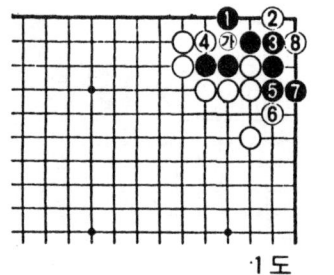 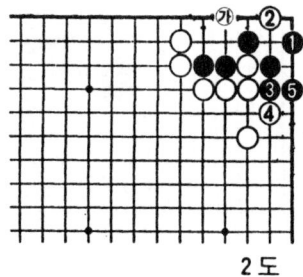

·1 도   2 도

1 도(귀곡사) 흑 1 의 호구는 악수이다. 백 2 가 급소로 이하 4 까지 눈을 빼앗긴다. 흑 5, 7 에는 8 로 되어 귀곡사의 형태다.

2 도(정해) 흑 1 로 호구치는 것이 이하 5 까지 삶을 유발한다.

1 도의 모양에 주의하여야 한다.

제76형 백선

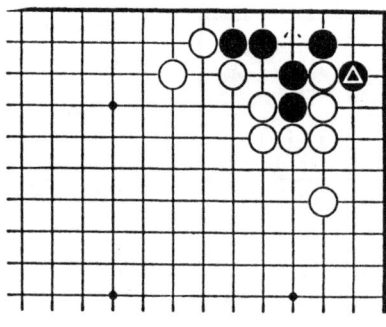

흑●의 젖힘이 있다.

사실은 흑● 표가 문제의 일착이다. 죽는 수가 남는다. 바른 공격 수순은?

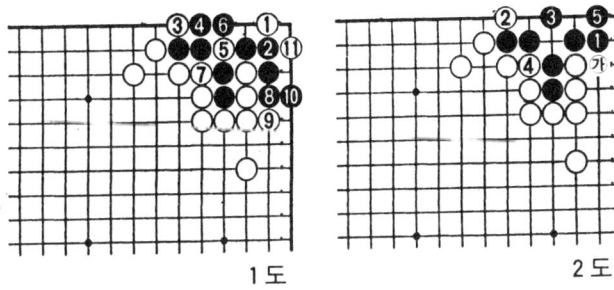

1 도   2 도

1도(정해) 백1의 치중에서 3의 젖힘이 수순이다. 5
, 7의 맥점이 생긴다. 이하 11까지 이것은 귀곡사의 모
양이다. 3, 5, 7이 음미할만한 수순이다.

2도(삶) 기본도 흑●의 젖힘으로는 흑1의 뻗음이 삶
을 도모하는 수이다.

흑5로 ㉮의 곳을 두면 백5로 두어 같은 결과이다.

제77형 흑선

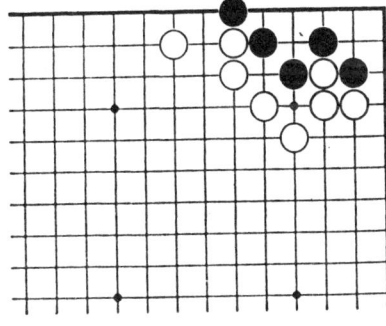

여기에는 귀
곡사의 함정이
있다.

주의하여 살
아야 한다. 바
르게 움직인다
면 무조건 산다.

126

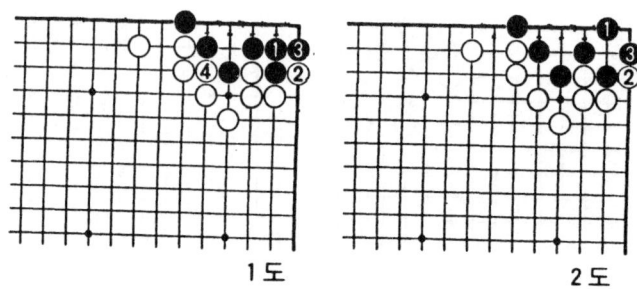

1도　2도

1도(좁다) 흑1의 이음은 백2로 3을 강요한　다음
4로 약점을 눌러 흑이 죽는다.

2도(패) 흑1로는 3까지 패이다. 물론 이것은　정해
가 아니다.

1로 3의 곳은 1의곳을 백이 둔다.

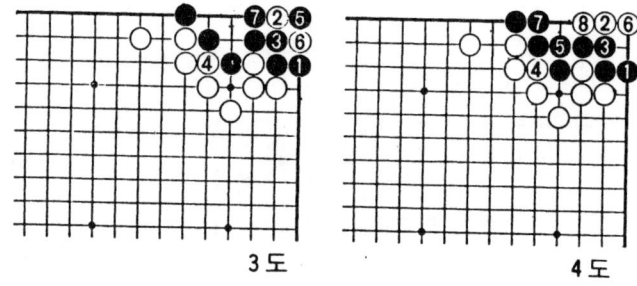

3도　4도

3도(정해) 흑1이 내려섬이 있다. 백2가　당연하다.
이것은 귀곡사를 노리는 점이다.

백4의 누름에는 5, 7로 조여 간단히 산다.

백4로 5는 흑4로 넓게 산다.

4도(귀곡사) 흑5의 이음은 백의 의중이다.
8까지 귀곡사의 모양으로 죽는다.

제78형 흑선

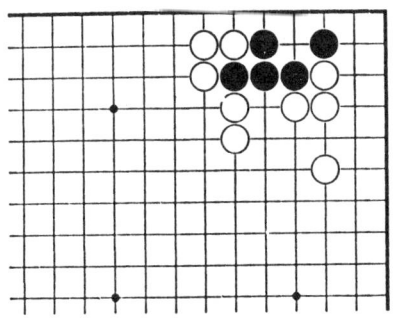

실전에 자주 나타나는 모양이다.

제75형의 변화로 바른 수순이면 충분히 살 수 있는 방법이 있다.

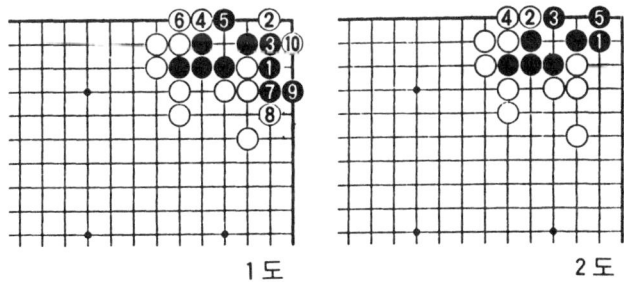

1 도   2 도

1 도(죽음) 흑 1 의 젖힘에는 백 2 의 치중이 있다. 백 10까지 — ·이 모양을 일본에서는 죽은 모양이라고 규정을 하고 있다.

중국과 해석함에 있어서 차이이다.

2 도(정해) 흑은 1 의 곳을 뻗어야 한다.

자연, 5 까지 사는 모양이 생긴다.

제79형 백선

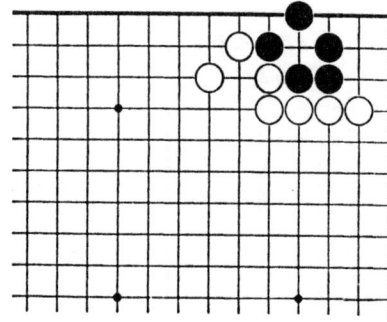

실전에 자주
나타나는 모양
이다.

삶인가? 죽
음인가? 그렇
지 않으면 패인
가?

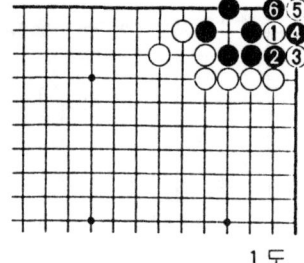

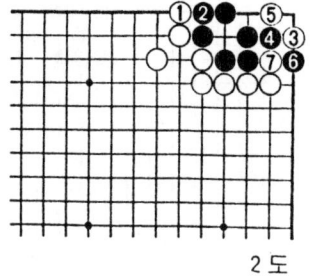

1 도   2 도

1 도(패) 백 1 의 붙임에는 혹 2, 4 의 맥이 있어 패가
나는 것이 정해이다.

2 도(정해) 백 1, 혹 2 의 교환 다음에 3, 5, 7 의 수
가 있다. 혹 2 로 7 은 백 5 로 죽는다.

3 으로 5 로 두면 혹 4, 백 3 으로 돌아간다.

2 도의 패를 선택한다.

제80형 흑선

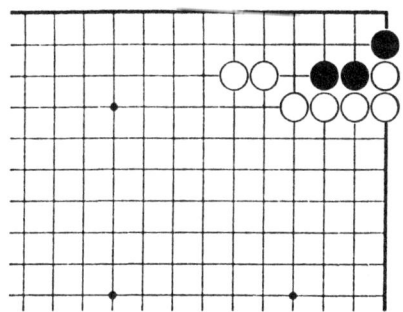

이것도 실전에서 자주 나타나는 모양이다.
간단히 사는 수가 있다.

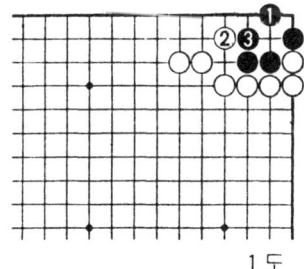

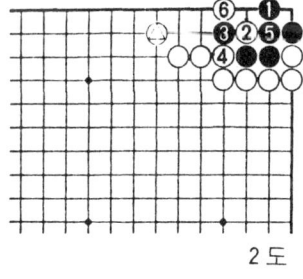

1 도   2 도

1도(정해) 2의 1이 급소이다. 흑 1로 간단히 산다.
1 로 3 은 백 1 로 무조건 죽는다.

2 도(주의) 이 모양은 주의하여야 한다. 백이 ◎ 방면
에 있을 때는 4, 6 이 맥이다.

흑 1 은 백 2 의 맥에 요주의.

제81형 백선

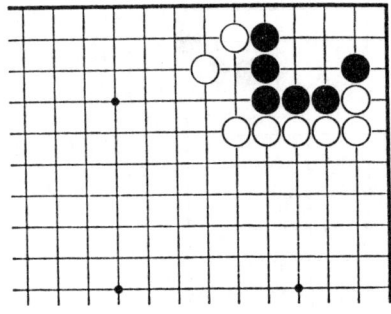

혹의 모양에 결함이 있다.

바른 공격 수단은? 결론은 패가 난다.

2～3의 주의를 요한다.

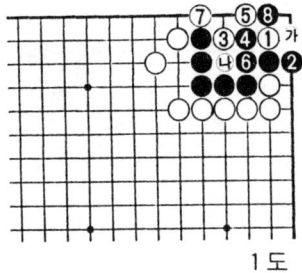

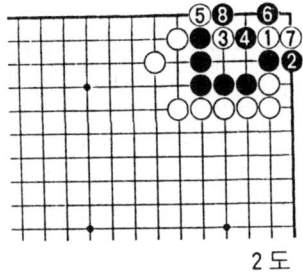

1도   2도

1도(악수) 백 1의 붙이는 수단에는 혹 2가 한 수이다.

백 3은 6의 끊음과 7의 건너감을 맞보기로 하는 맥이다. 백 5의 단수는 악수. 8까지 무조건 산다. 이 다음에 백㉮는 혹㉯이다.

2도(정해) 단순히 백 5로 건너가는 것이 정수이다.

혹 8로 패가 나는 모양이다. 백 1로는 별법이 있다.

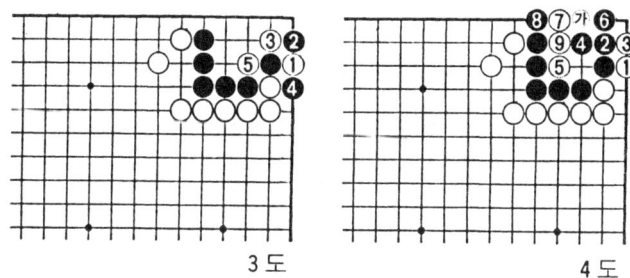

3 도   4 도

3 도(같은 패) 백 1 의 젖힘도 유력한 수단이다.

흑 2 의 한 수. 백 3, 5 로 패이다. 2 도나 3 도는 백의 권리이다.

4 도(죽음) 백 1 에 흑 2 로 느는 것은 이하 9 까지 흑이 죽는다. 수순중 백 5 로 6 은 흑 5, 백 7, 흑 8, 백 ㉮, 9 까지 된다.

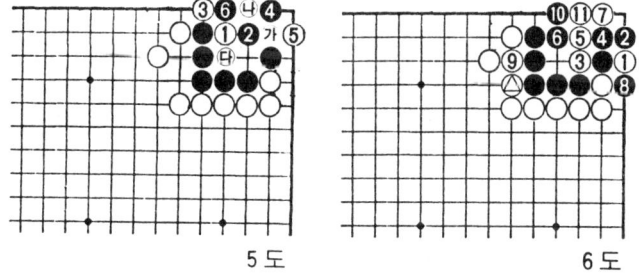

5 도   6 도

5 도(이것도 패) 백 1 의 붙임이 있다. 흑 2 는 한 수. 이하 6 까지 — ·

2 도와 같은 성질의 패이다. 계속하여 백 ㉯, 흑 ㉰ 는 백 ㉮ 로 패가 난다.

6 도(공배) 백 ⊘ 로 되어 있다면 백 3, 5 가 성립한다. 11 까지 죽는다. 3 도와 비교하여 보자.

제82형 백선

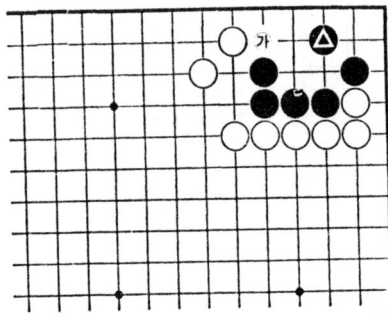

앞 문제의 흑
㉮를 △로 대
체를 한 모양이
다.
정공법은?
무조건 잡아
야 한다. 수순
에 주의하라.

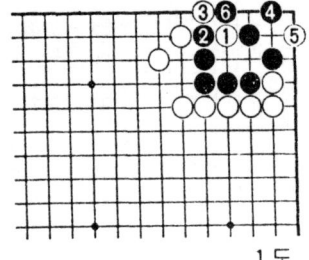

1 도

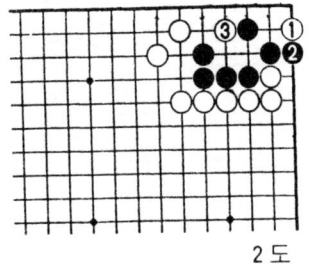

2 도

1 도(패) 백 1에 흑 2, 백 3 다음에는 흑 4 가 호수이
다. 흑 6 까지 패가 나는 모양이다.

패는 실패이다.

2 도(실패) 먼저 백 1의 치중이 바른 수순이다.

흑 2 에는 백 3 으로 패를 방지한다.

제83형 백선

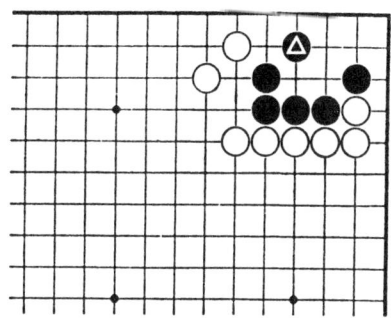

지금 흑● 로
둔 장면이다.
무조건 잡지
않으면 안된다.

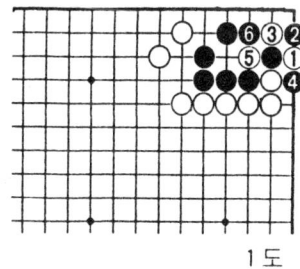

1 도

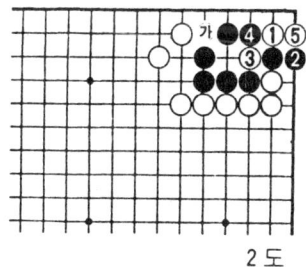

2 도

1 도(패) 백 1 의 젖힘은 실패이다.

흑 2 에 3 으로 끊어서 6 까지 패가 나는 모양이다.

2 도(정해) 백 1 의 붙임에는 흑 2, 다음 3, 5 로 쉽게
죽는다.

흑이 ㉮ 의 곳에 있다면 최선의 저항이 생긴다.

제84형 흑선

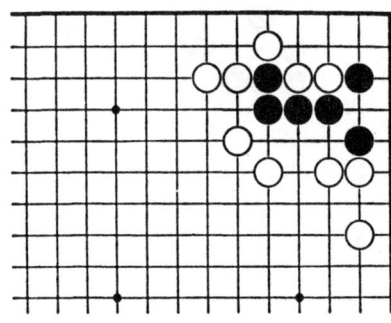

이런 곳의 모양은 어떨까?

귀곡사의 모양이 나는 것에 주의하여야 한다.

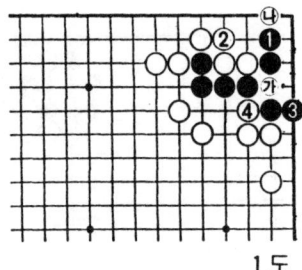

1 도

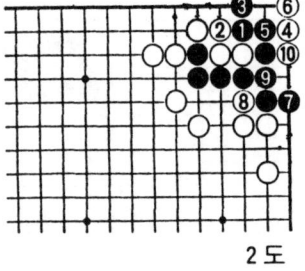

2 도

1 도(좁다) 흑 1 을 선수하고 3 으로 내리는 것은 어떨까? 흑 3 에는 백 4, 2 집을 확보할 수가 없다. 흑 3 다음에 흑㉮는 ㉯로 죽는다.

2 도(귀곡사) 흑 1, 3 은 궁도를 가장 넓힌 수이다. 백 4 의 급소 치중으로 이하 10까지 외길 수순이다.

수순중 백 6 으로 7 은 흑 6 으로 산다.

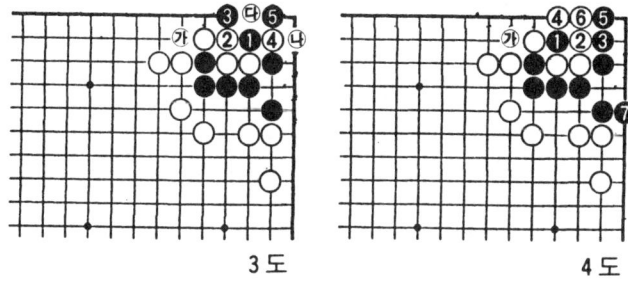

3 도   4 도

3 도(패) 혹 1, 3 은 비상수단이다. 백 4 에는 5 로 되어서 패가 나는 모양이다. 물론 패는 정해가 아니다. 혹 3 으로 ㉯로 두어도 패이다.

4 도(정해 1) 혹 1 은 희생타이다. 3, 5 의 선수 다음에 7 로 삶을 확보한다.

백 6 을 손빼면 ㉮의 단수가 있다.

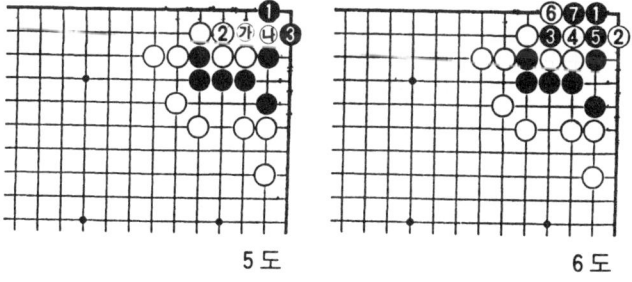

5 도   6 도

5 도(정해 2) 혹 1 도 정해이다. 백 2 에는 3 으로 모양을 갖추어 산다. 혹 3 으로 ㉮나 ㉯는 정해와 거리가 멀다.

6 도(변화) 혹 1 에 백 2 로 저항을 하는 것은 이하 7 까지 뒤가 떨어지는 모양이다.

4 도, 5 도의 결함을 이용한다.

제85형 백선

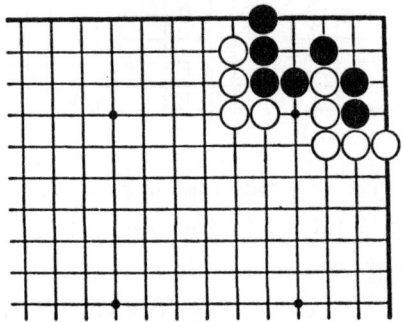

간단하게 보 아서는 안된다. 서로 저항책이 있다.

후절수의 맥 에 주의하여야 한다.

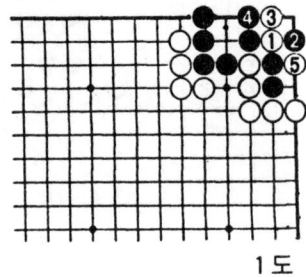

1 도

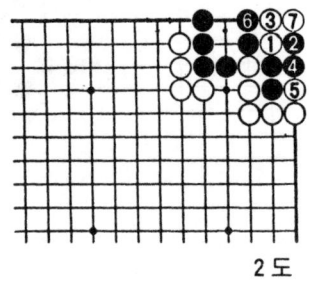

2 도

1도(안이함) 백 1 의 끊음이 제 1 감이다.

흑 2, 4 에는 백 5 가 맥이다.

흑 2 로 3 은 백 2 로 그만이다.

2도(좋은 수) 백 3 에 흑 4 의 이음이 좋은 수이다.

백 5 로 4 점을 조인 다음 흑 6, 백 7 다음에 — ·

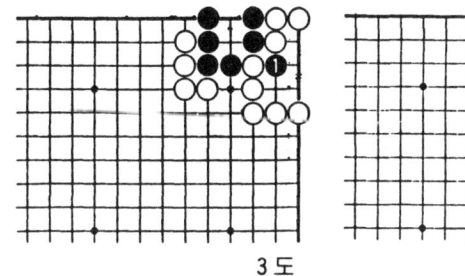 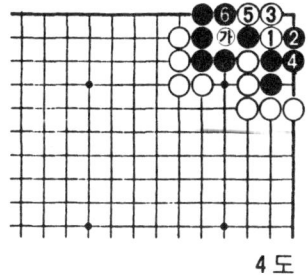

3 도   4 도

3 도 (후절수) 혹 1 로 단수하는 후절수가 있다.

실전에 가끔 나타나는 모양이다.

가능성이 있으므로 기억해둘만 하다.

4 도 (정해) 백의 방법은 혹 4 에 백 5 의 꼬부림이다.

혹 6 으로 ㉮의 곳 이음은 그냥 죽는다. 패가 정해이다.

문제도를 한 눈에 보면 고단자이다.

제86형 흑선

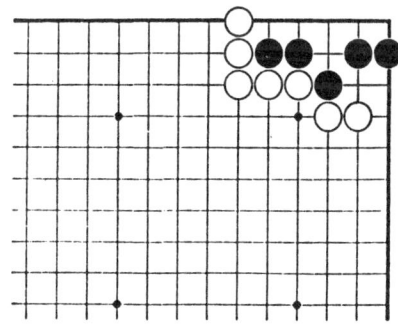

이것도 유명한 형이다.

후절수를 생각해야 한다.

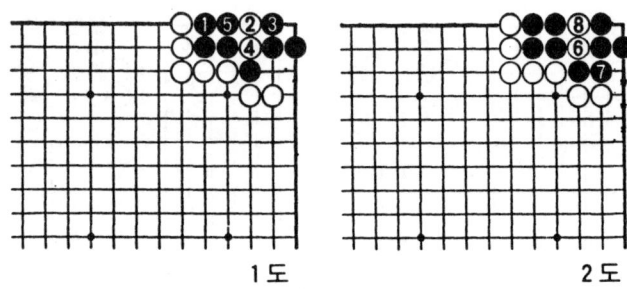

1 도   2 도

1 도(필연) 흑 1 은 필연의 수이다.

백 2 가 급소. 흑 3 으로 한집을 확보한다.

백 4 에는 흑 5 다음에 — ·

2 도(사석) 백 6 의 단수에 흑 7 로 잇는 수가 있다.

흑 7 로 8 은 논외이다. 4 점을 따내고 나면 — ·

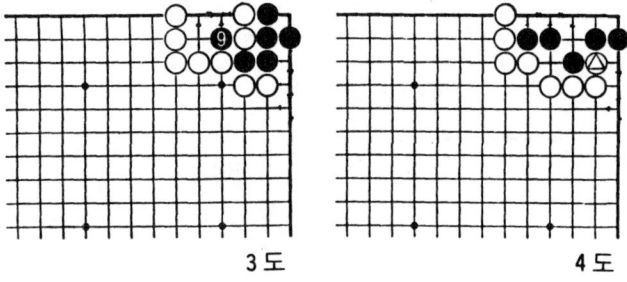

3 도   4 도

3 도(후절수) 흑 9 의 끊음이 입체적이다.

후절수의 의외성이 여기에 있다.

4 도(흑선) 문제도에서 백이 ⓐ 로 부딪혀 있는 모양이라면 수가 나지 않는다. 이것은 죽은 모양이다.

자, 이것으로서 귀에서의 변화되는 기본사활은 모두 마스터를 한것 같다.

제 2 장

변에서의
삶과 죽음

제87형 백선

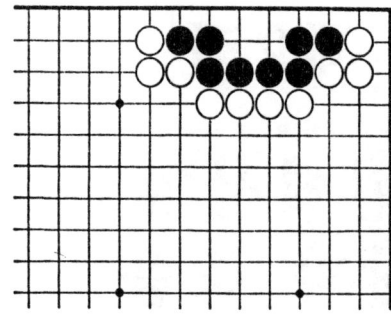

변의 사활에 기본적인 것은 귀의 사활과 같은 모양이다.

이 흑을 잡는 방법은?

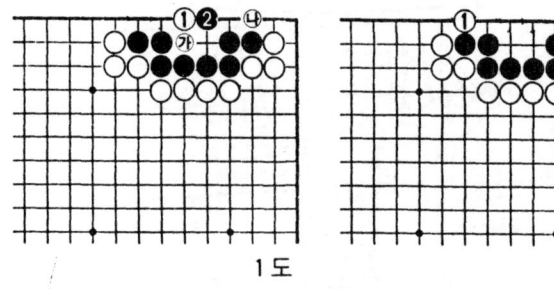

1 도   2 도

1 도 (악수) 사활의 원칙에는 궁도를 가능한한 좁게 만드는 데에 요령이 있다. 백 1 로는 안쪽에서 공격하는 것은 나쁜 방법의 하나이다. 다음에 ㉮와 ㉯가 맞보기이다.

2 도 (정해) 백 1 로 평범하게 좁히는 것이 좋다.

1 로는 물론 ㉮의곳 젖힘도 같다. '죽음은 젖힘에 있다'는 격언이 있는 것처럼 좁게 하는 것이 의의이다.

제88형 백선

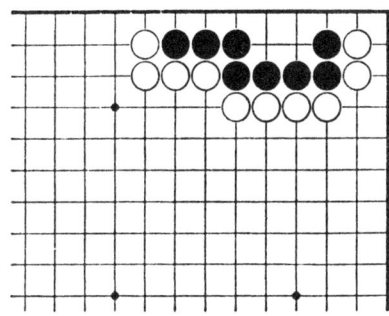

제87형에 비
하여 한발더 나
아간 장면이다.
어디가 공격
의 정수일까?

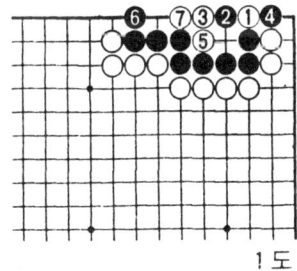

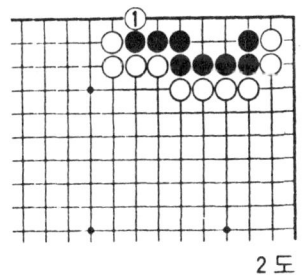

1 도   2 도

1 도(실패) 동형에서의 젖힘의 방향이 다르다.
백 1 은 악수이다.
흑2 다음에 7 까지 빅이 난다.
2 도(정해) 백 1 의 젖힘의 정수이다.
이 다음의 흑의 응수는 그곳이다.
이러한 젖힘이 모양에 따른 원칙의 하나이다.

제89형 흑선

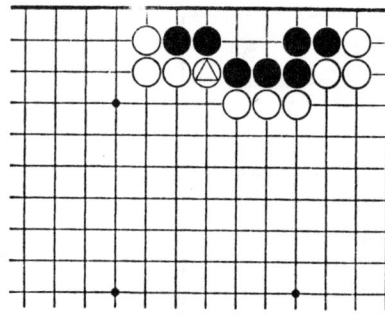

제87형에 비하여 백△로 끊긴 모양이다.

흑선으로 살 수 없을까? 모양의 급소를 찾아야 한다.

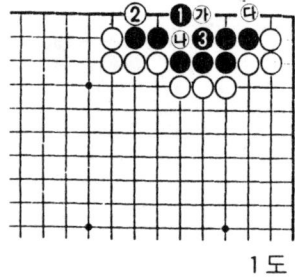

1 도

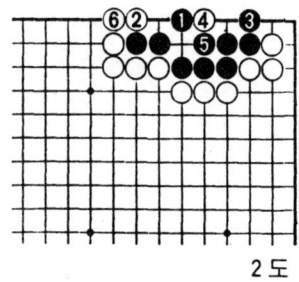

2 도

1 도 (정해) 흑 1 에서 3 으로 두는 것이 정해이다.

흑 1 을 ㉔로 두는 것은 백 ㉕로 끊어서 죽는다.

흑 1 로 2 는 백 1 로 죽는다. 또, 흑 1 로 ㉕도 백 2 로 죽는다.

2 도 (죽음) 백 2 에 3 의 곳 내림은 과욕이다. 4, 6 의 맥이 성립을 한다. 1 도 흑 1, 3 이 좋은 결과이다.

제90형 흑선

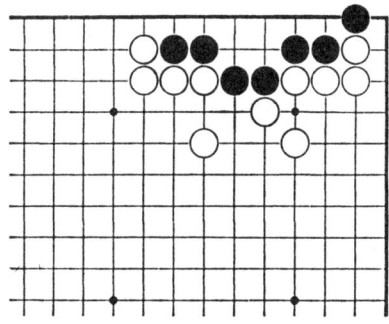

공배 하나가 있는 경우다. 더구나 아래쪽은 젖혀있다.

삶을 유발하는 수단은?

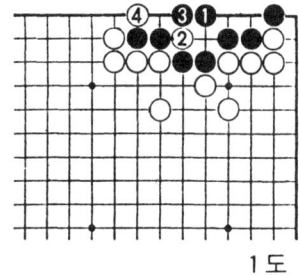

1 도

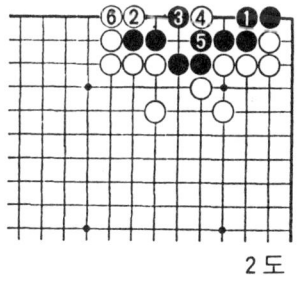

2 도

1도(실패) 흑1로 두는 것은 정수가 아니다.

백2로 끊은 다음에 4까지 무리이다.

흑이 죽는 모양이다.

2도(실패) 흑1로 넓히는 것은 백2, 4, 6이 멋진 맥점이다.

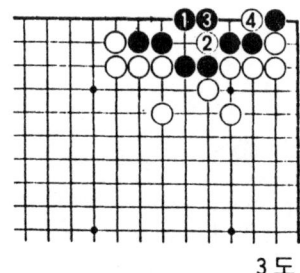
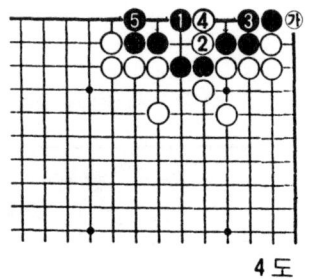

3 도	4 도

3 도 (무책) 흑 1 의 호구는 백 2 로 공격을 한다.

흑 3 은 책략이 없는 수이다. 1 도와 같이 죽는다.

4 도 (정해) 백 2 에는 3 으로 잇는 한 수이다.

백 4, 흑 5 다음에 백은 ㉮의 곳을 둘 수가 없다.

귀의 특수성에 관한 것이다.

바깥쪽의 조건에 유의하여야 한다.

제91형 흑선

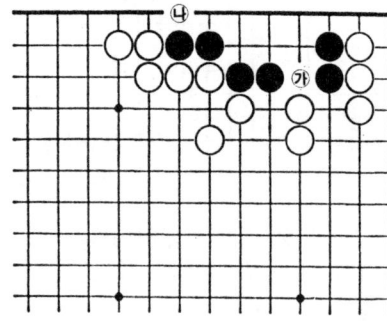

흑 ㉮에는 백
㉯로 간단히 죽
는다.

　요령이 필요
하다.

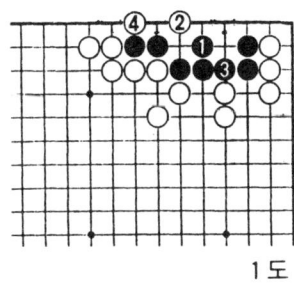

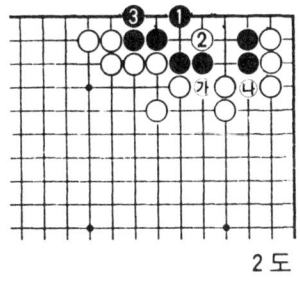

1 도

2 도

1 도 (실패) 흑 1 로 두는 것은 백 2 가 급소이다.

다음에 3 과 4 가 맞보기로 죽는다. 백 2 로 3 의 곳 나가는 것은 급하지 않다. 이것은 흑 2 로 산다. 흑 1 로 4 의 곳 궁도를 넓히는 것은 백 2 로 죽는다.

2 도 (정해) 흑 1 의 점이 급소이다. 백 2 에는 3 으로 사는 모양이다. ㉠, ㉡의 공배가 있음을 유의하라.

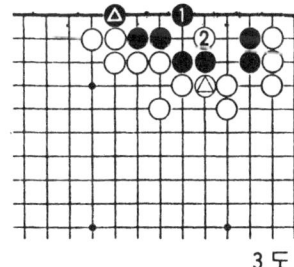

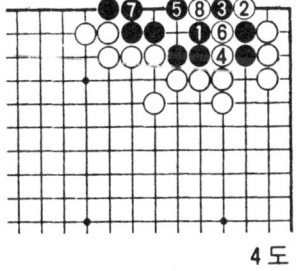

3 도

4 도

3 도 (변화) 흑●와 백◎가 있다면 흑 1 로 두는 것은 백 2 로 쉽게 죽는다. 백◎가 빛나는 점이다.

4 도 (패) 어려운 곳이지만 흑 1 이다. 백 2 의 젖힘이 맥이다. 최강의 저항은 8 까지 패가 결론이다.

수순중 백 2 로 4 는 흑 5 로 무조건 산다. 그러나 본도 의 2 는 정해가 아니다.

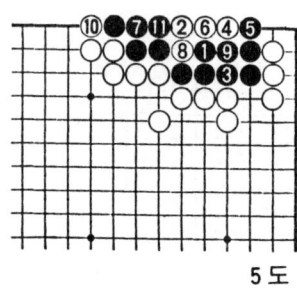

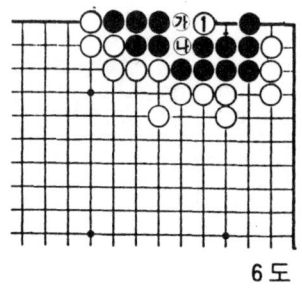

5 도   6 도

5 도 (최강) 흑 1 에서는 백 2 의 치중이 최강이다.

흑 3 에는 백 4 이하의 엿봄이 있다.   백 8 도 강수이다.
11까지 4 점으로 키워 죽인 다음에 — .

6 도 (계속) 때려낸 다음 백 1 로 붙이면 전체의   흑이
죽는다. 백 1 로 ㉮로 두는 것은 경솔하다. 흑 1 다음에 백
이 ㉯로 따내면 후절수가 된다.

제92형 백선

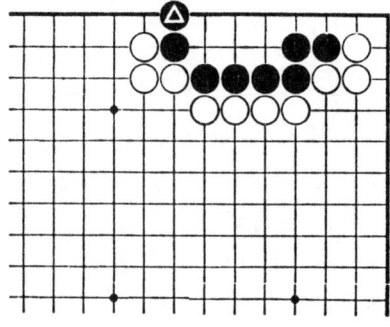

흑 ❹ 로 내려
선 모양이다.

한 눈에 급소
를 찾아보자.

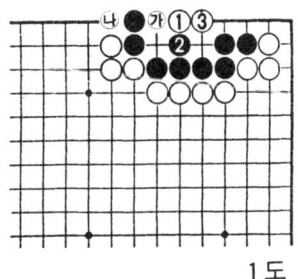

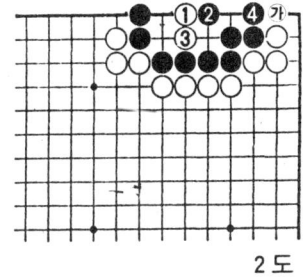

1 도   2 도

1 도(흑 2 가 악수) 백 1 의 치중이 급소일까? 여기서 흑 2 로 받으면 백 3 으로 뻗어 무조건 죽는다.

흑 ㉮에는 ㉯의 단수가 있다.

2 도(실패) 백 1 은 좋지 않은 공격이다. 그러면 흑 2, 4 로 산다. 백 1 은 이런 형태에서의 급소가 아니다.

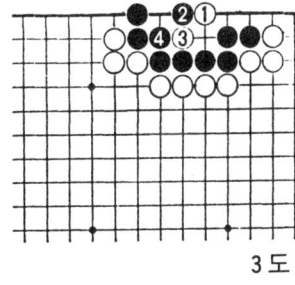

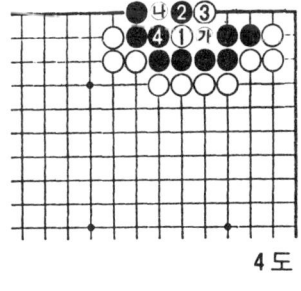

3 도   4 도

3 도(패) 백 1 에는 흑 2 의 붙임이 있다. 4 까지 패가 나는 모양이다. 흑 2 로 3 은 백 2 로 무조건 죽는 것에 주의하여야 한다. 이 모양에서 패는 충분하지가 않다.

4 도(같은 패) 백 1 로 붙이면 흑 2, 4 로 역시 같은 패가 난다. 흑 4 로 ㉮는 백 ㉯로 된다.

148

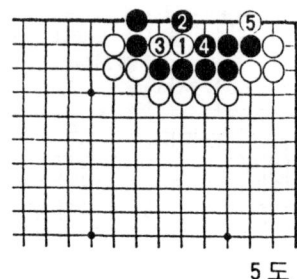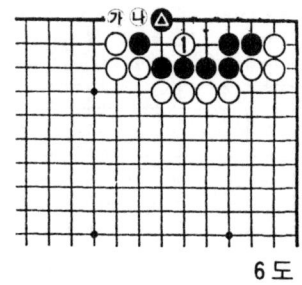

5 도   6 도

5 도(정해) 흑2에 백3이 자충을 유발시키는 수이다.
백5로 젖혀서 전체가 죽는다. 백3, 5의 수순은 기억
해 둘만 하다.

6 도(흑사) 흑●로 호구쳐 있는 모양은 백1이 급소
이다. 흑●은 1의 곳에 두어 ㉮, ㉯로 되어 패가 나는
모양이다.

제93형 백선

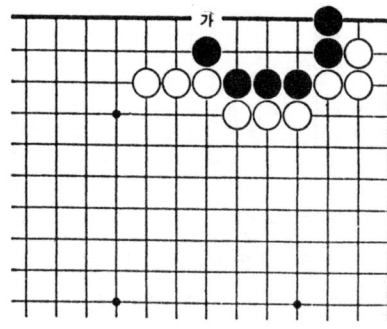

흑㉮로 둔다
면 사는 모양이
다.
모양이 완성
되기전이다. 결
론은 ?

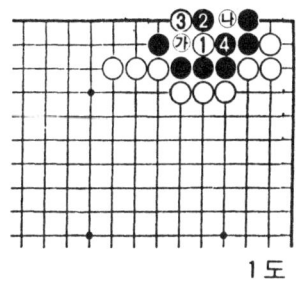

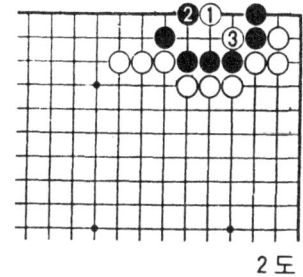

1 도

2 도

1 도(패) 백 1 의 붙임에는 흑 2 의 한 수. 여기에선 3 으로 두어서 패이다. 패는 충분하지 않다.

흑 4 로 ㉮는 백 ㉯로 된다. 제92형과 비교를 하여 보라.

2 도(급소) 여기에서는 백 1 의 치중이 급소이다.

이것이 정해이다. 흑 2 에는 3 으로 뻗어서 좋다.

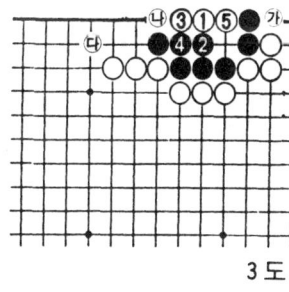

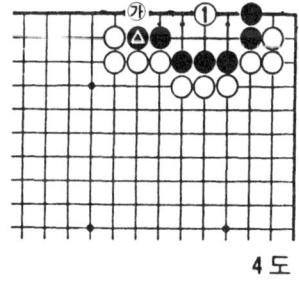

3 도

4 도

3 도(바른 수순) 흑 2 에는 백 3 으로 뻗는다.

흑 4 에는 백 5 가 바른 수순이다. 이 수로 ㉮의 곳의 단수는 ㉯로 잡은 다음에 ㉰의 곳 탈출이 있다.

4 도(흑사) 이 모양에서는 흑❹ 가 첨가되어 있다.

이것은 백 1 의 일발로 죽는 모양이된다.

제94형 백선

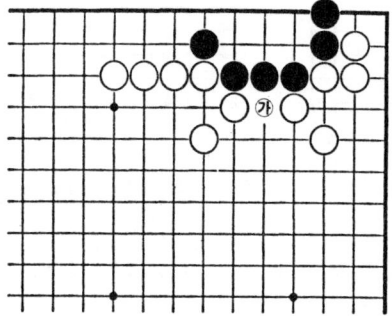

제93형에 대하여 ㉠의 곳에 공배가 하나 있다.

백이 유동적으로 움직이는 수는?

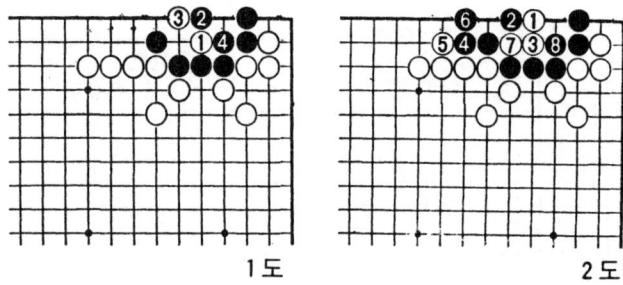

1 도   2 도

1도(패) 백1의 붙임에는 흑2, 4로 패가 되는 것은 경험한 바가 있다. 패는 충분하지 않다. 1도는 백의 실패이다.

2도(같은 패) 백1이 급소. 그러나 흑이 공배를 이용하여 2로 강하게 저항한다. 흑8까지 패가 필연의 경과일까? 다음 도를 살펴보자.

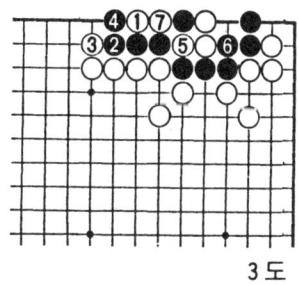 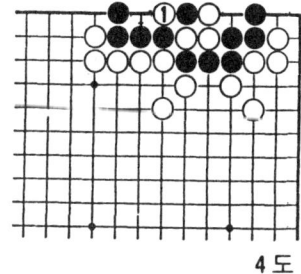

3 도   4 도

3도(정해) 전도의 변화이다. 백 1의 붙임이 묘수이다.
흑 2, 4에는 7까지 흑 한점을 잡은 다음에ㅡ.
4도(단수) 전도의 백 7까지 재현이 되었다.
백 1의 때림으로 5점을 잡는다.
공배가 있다고 하여도 이 모양은 백선 흑사이다.

제95형 백선

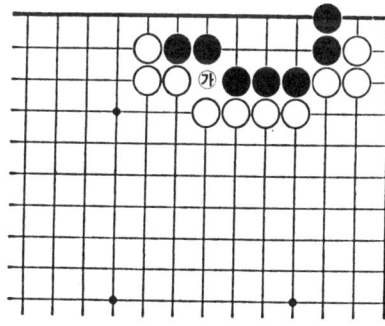

⑦의 곳에 공
배가 하나 있다.
백의 정공법
을 살펴보자.

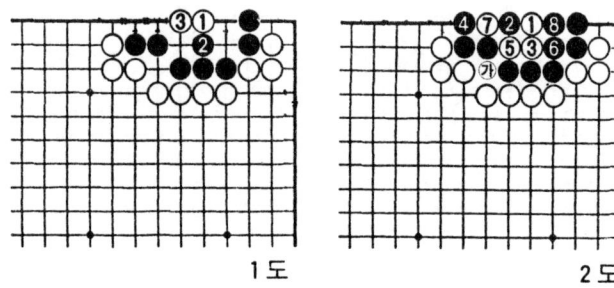

1 도   2 도

1 도(안이) 백 1 의 치중, 혹 2 에는 백 3 으로 간단히 죽는다. 이것은 안이한 생각이다.

2 도(변화) 백 1 에는 혹 2 가 당연한 저항수단이다.

백 3 은 한 수. 혹 4 에는 5 까지 패를 유발시키려는 성급한 생각이지만 8 의 단수로 이을 수가 없어 혹이 사는 모양이다.

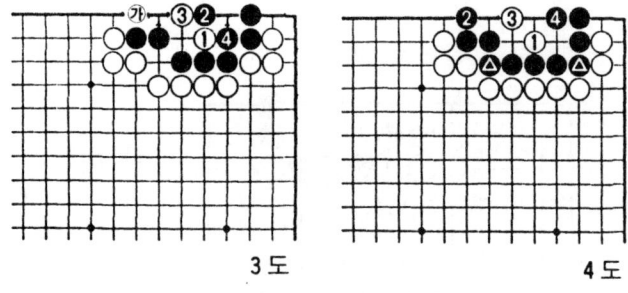

3 도   4 도

3 도(정해) 이 모양에서는 백 1 이하 혹 4 까지 패가 정해이다.

혹 2 로 ㉮로 두어 궁도를 넓히는 것은 백 3 으로 둔다.

4 도(빅) 기본도의 변형으로 혹⬤의 공배를 모두 잇고 있다. 여기에선 혹 4 가 중요한 일착이 된다.

제96형 흑선

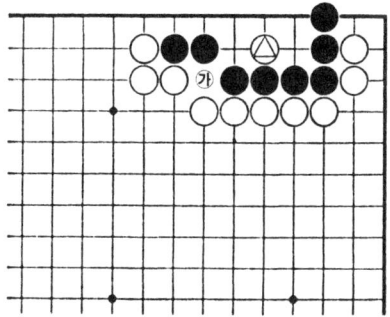

백이 ◎로 두어온 장면이다.

흑의 응수는 어디일까? ㉮의 곳에 공배가 있음을 유의 하여야 한다.

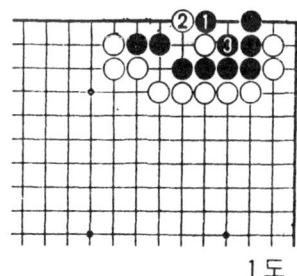

1 도

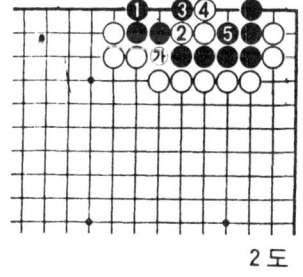

2 도

1 도(패) 흑 1, 3 으로는 패가 난다.

무조건 사는 것을 목표로 하여야 한다.

2 도(변화) 흑 1 로 궁도를 넓히는 것이 당연한 생각인가? 흑 3, 5 로 된 다음에 ㉮의 곳 공배가 있어서 흑이 사는 모양이다.

이 모양에서는 백 2 가 악수이다.

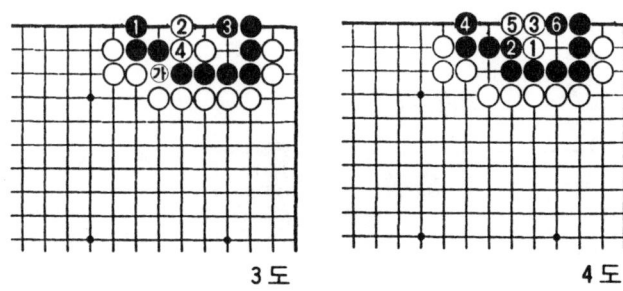

3 도   4 도

3 도 (빅이 아니다) 흑 1 에는 백 2 가 당연하다.

여기에서 흑 3 으로 두는 것은 ㉮의 곳이 끊겨 빅이 아니다. 흑 3 으로 4 는 백 3 이다.

4 도 (정해) 이런 모양에서는 흑 2 가 맥이다.

백 3 에는 흑 6 이 급소여서 사는 모양이 생긴다.

이것이 정해의 맥이다.

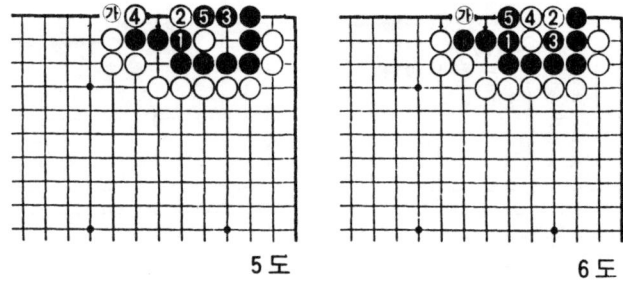

5 도   6 도

5 도 (변화) 흑 1 에 대하여 백 2 는 3 이 좋은 수이다.

흑이 4 의 곳을 두면 앞 모양과 같은 결과이다.

6 도 (변화) 여기에서 백이 2 의곳을 먼저 두면은 흑은 3, 5 로 단수하여 따낸다.

다음에 3 점의 중앙과, ㉮의곳을 맞보기로 하여서 산다.

제97형 흑선

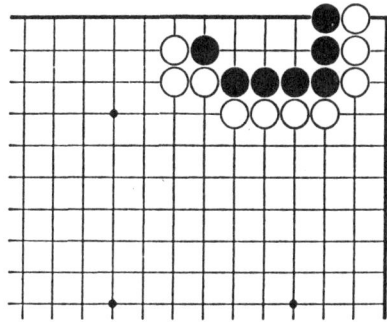

공배가 없는
모양이다.

흑은 어떻게
둘까?

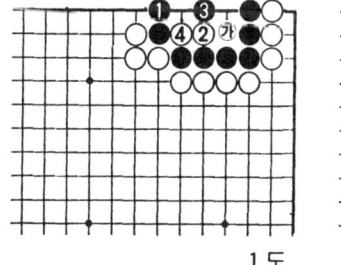

1 도

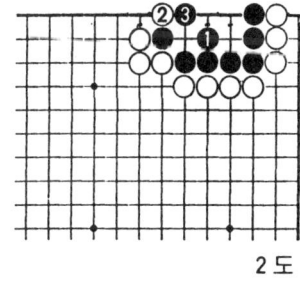

2 도

1 도(자충) 흑 1 의 내려섬은 제 1 감이다. 그러나 백 2 의 붙임이 있어 나중에 ㉮의 곳을 두지 못한다. 자충의 모양이 생긴다.

2 도(정해) 여기에서의 유력한 수단은 흑 1 이다. 백 2 에는 흑 3 으로 되어서 패가 정착이다.

무조건 살 수는 없다.

156

제98형 백선

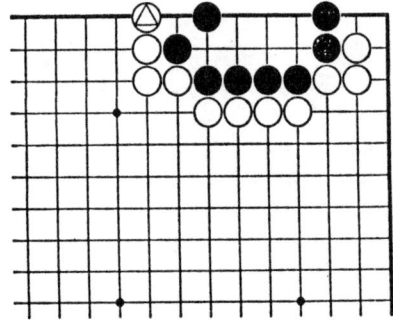

백이 ⓐ로 내
려선 모양에서
혹이 손을 뺐다.
바른 공격은?
실전에 흔히
나타나는 모양
이다.

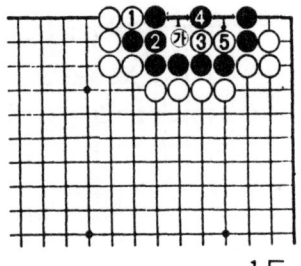

1 도

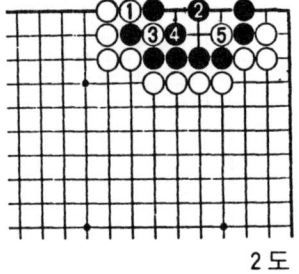

2 도

1도(자충) 백1의 단수에 혹이 2로 받으면 이하 3,
5로 자충에 걸린다.

2도(패) 백1에는 혹2의 받음이 모양이다.

백3에 혹4, 백5의 치중으로 패가 나는 모양이다.

사실은 백1이 악수이다. 이 모양에선 무조건 잡아야
한다. 과연 급소는?

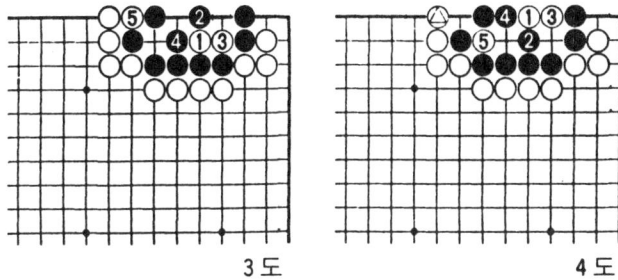

3 도   4 도

3 도(패) 백 1 에는 혹 2 가 모양이다. 백 3, 5 에는 패
로 되어서 실패이다.

백 3 으로 4 의 방향은 혹 3 으로 사는 것에 주의하라.

4 도(정해 1) 백 1 의 치중이 정해. 혹 2 에는 백 3 으로,
다음에 백 5 의 먹여치기로 혹이 죽는다.

백 ⚠ 의 내려섬이 있어 혹이 죽는 모양이다.

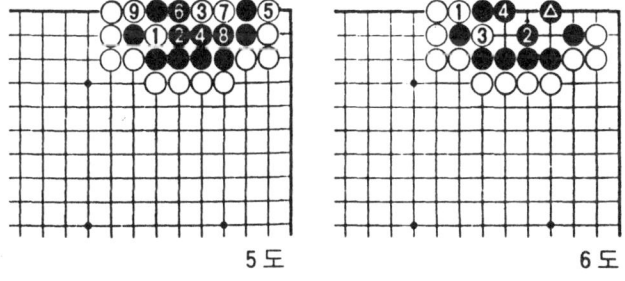

5 도   6 도

5 도(정해 2) 백 1 의 먹여치기에서 3 의 치중도 혹이
죽는다. 혹 4, 백 5 가 호수이다. 98형은 4, 5 도, 같은
모양의 죽이는 방법이 있다.

6 도(변화) 혹 ● 가 있다면 백 1 의 단수는 2, 4 로 사
는 모양이 입체적이다.

여기서 백 1 의 단수는 속맥이다.

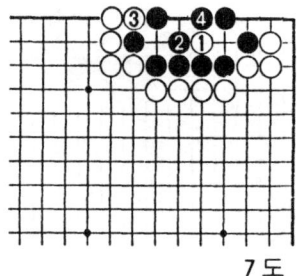

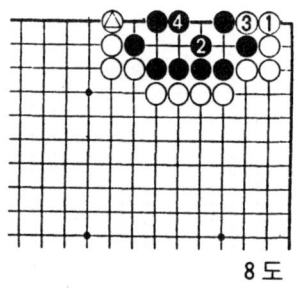

7 도   8 도

7도(패) 백 1 로 둔다. 흑 2 로 받아서 백 3 으로 패가
난다. 백 1 을 2 의 방향에 두는 것은 경솔하다.   백 1 로
산다.

8도(같은 패) 백은 1 의 곳 내려섬이 있다.

백⊘ 가 있지만 같은 패의 모양이된다.

흑의 호구친 모양이 사활에 큰 영향을 미친다.

제99형 백선

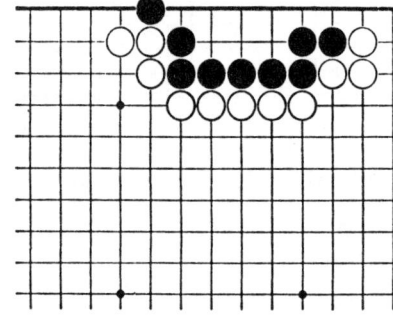

복잡한 구조
의 문제이다.

이 모양에선
3 개의 요점이
있다.

조금 난해하
다.

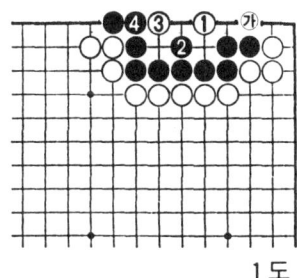 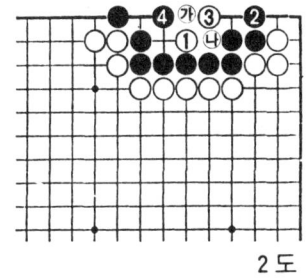

1도   2도

1도(급소인가?) 백1이 급소인가? 여기서 흑은 2, 4로 궁도를 넓힌다.

백1로 ㉮도 흑2로 산다.

2도(빅) 백1의 붙임에는 흑2로 궁도를 넓힌다.

백3에는 흑4까지 ─ · 다음에 ㉮와 ㉯가 맞보기이다.

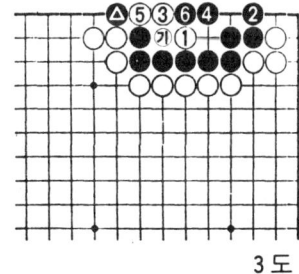 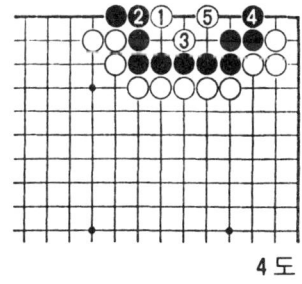

3도   4도

3도(젖힘) 백3의 마늘모에는 흑4로 한집을 만든다. 백5, 흑6까지 ─ ·

흑⬤가 젖혀있어 사는 모양이 된다.

4도(정해) 백1이 급소의 일착이다.

흑2에는 3, 5로 5궁도화의 모양이다.

흑4로 5는 백4이다.

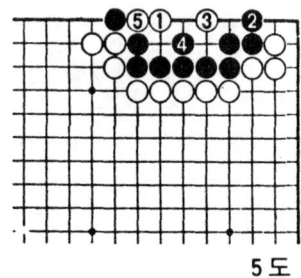 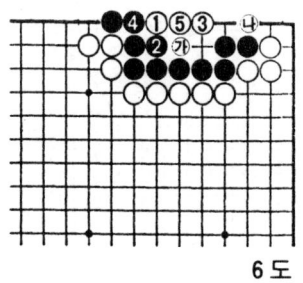

5 도 6 도

5 도(변화) 백 1에 흑 2로 궁도를 넓히는 것은 백 3이 급소의 하나이다.

3으로 5의 곳은 성급하다. 흑 3으로 산다.

6 도(변화) 흑 2는 유력한 저항이다. 그러나 백 3으로 죽는다. 흑 4에 백 5의 이음, 다음에 흑㉮에 백㉯, 흑은 죽음을 면할 수 없다.

제100형 흑선

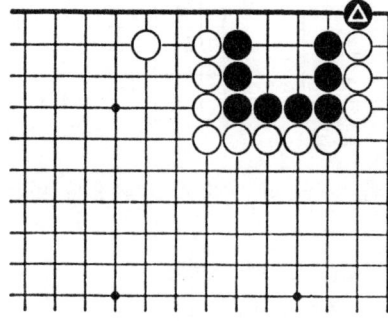

새로운 모양이다.

흑●의 젖힘이 있다. 백이 선수이면 죽는 모양이 된다.

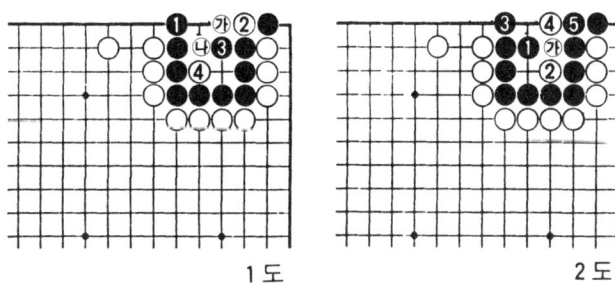

1 도   2 도

1도(좁다) 흑1로 궁도를 넓히는 것은 백2로 먹여친 다음에 4까지 죽는 모양이다.

흑3으로 ㉮는 백 ㉯가 5궁도화.

2도(수순이 나쁘다) 흑1에 백2는 나쁜 수순이다. 그러면 흑은 3으로 궁도를 넓히고 5까지 사는 모양이된다. 흑1, 백2는 다같이 악수이다.

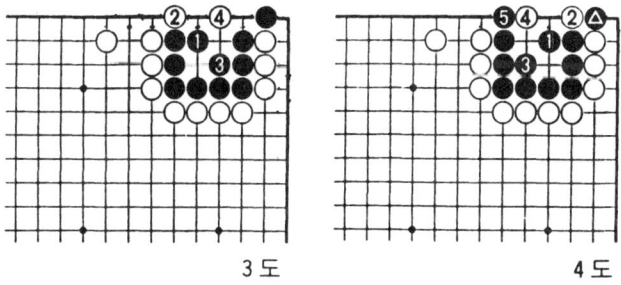

3 도   4 도

3도(실패) 흑1에는 백2로 응수를 한다.

흑3에는 백4가 급소이다. 흑3으로는 다른 저항 수단이 있다.

4도(정해) 흑1의 방향이 정해이다. 백2에는 흑3, 흑 ●의 움직임을 이용한다. 백2로 3은 흑2, 백4, 흑5까지 산다. 3도와 4도의 젖힘이 미묘하다.

제101형 백선

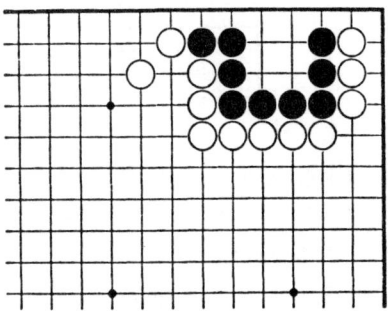

혹의 스페이
스가 한길 더 넓
다.
　백의 공격은?
　바른 수순이
요구가 된다.

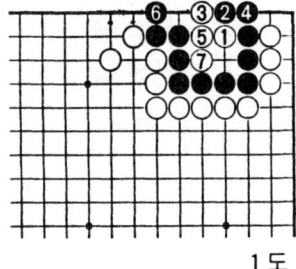

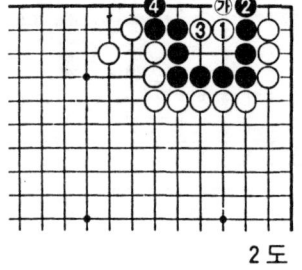

1 도　　　　　　　　　2 도

1 도(혹 2 가 단수) 백 1 의 붙임에는 혹 2 의 받음이 악
수이다.
　백 3 이하 7 까지 5 궁으로 죽는다.
　2 도(실패) 백 1 은 혹 2 의 내려섬으로 실패다.
　백 3 에는 4 로 궁도를 넓힌다.
　이 다음에 ㉮로 두는 것은 만년패이다.

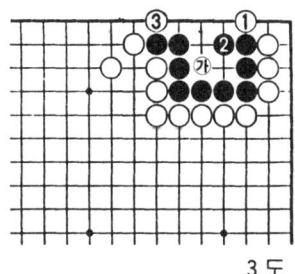

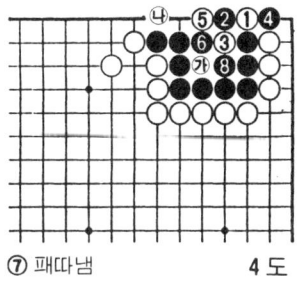

3 도   ⑦ 패따냄   4 도

3 도 (죽음) 백 1 의 젖힘으로 두는 방법은 어떨까?

흑 2 로 받으면 백 3 으로 간단히 죽는다.

백 3 으로 ㉮는 급하지 않은 곳이다. 흑 3 으로 산다.

4 도 (변화) 흑 2 는 완착이다. 8 까지 사는 모양이 된다. 백 3 으로 6 은 흑 3, 백 ㉮, 흑 ㉯, 백 5 까지 빅이 난다.

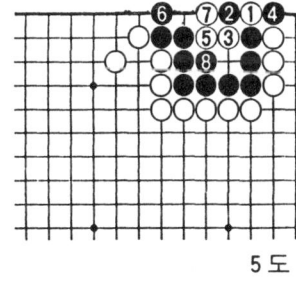

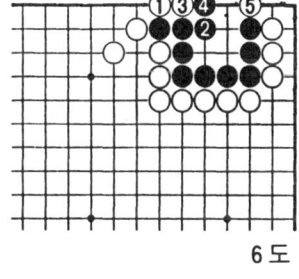

5 도   6 도

5 도 (패) 백 5 의 단순한 뻗음은 이하 8 까지 패가 나는 모양이다.

백의 공격 방법이 옳지 않다.

6 도 (정해) 백 1 의 젖힘이 옳다.

흑 2 에는 3 으로 민 다음에 백 5 로 젖힌다.

이것이 대원칙이다.

제102형 흑선

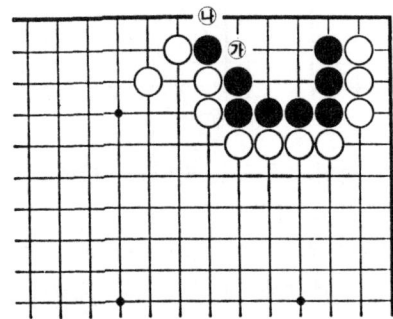

혹선으로 사는 수단이다.

㉮로 이으면 ㉯의 젖힘으로 죽는다.

101형의 학습이다.

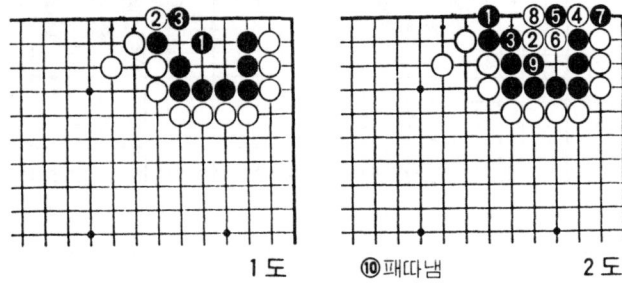

1 도   ⑩ 패따냄   2 도

1도(패) 혹 1의 호구는 백 2, 혹 3으로 패이다. 자주 나타나는 수단인데 정해가 아니다.

2도(같다) 혹 1의 내림에는 백 2의 치중에, 혹 3이 한수이다. 이하 10까지 패가 나는 모양이다.

패는 정해가 아니다.

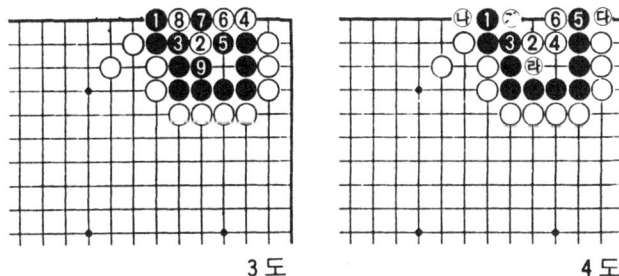

3 도   4 도

3 도(추락) 백 **4**에 대하여는 흑 **5**가 냉정하다. **9**까지 사는 모양이다.

수순중 백 **6**으로 **7**은 흑 **6**, 백 **9**로 빅으로 산다.

4 도(늘어진 패) 백 **4**로 전도의 모양을 피하면 흑 **6**까지 된 다음에 백 ㉮로 집어 넣어서 다음에 백 ㉯, ㉰, ㉱로 조여 만년패가 된다.

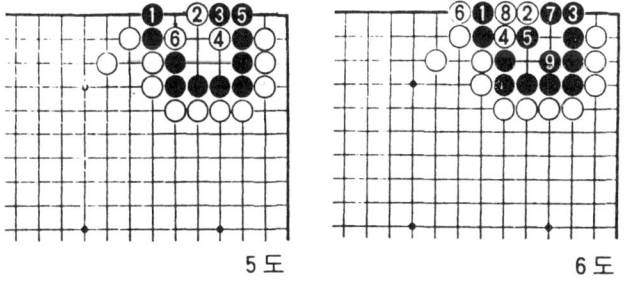

5 도   6 도

5 도(맥) 흑 **1**에 대하여는 백 **2**의 치중이 유력한 맥이다.

흑 **3**, **5**에는 **6**으로 죽는다. 그래서 — ·

6 도(정해) **3**으로 궁도를 넓히는 것이 좋다.

백 **4**로 끊으면 사석으로 이용하여 무조건 사는 모양이 생긴다.

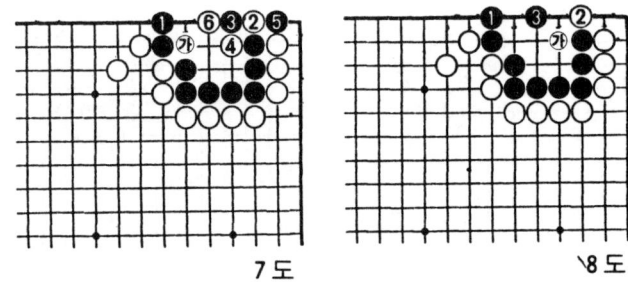

7 도   \8 도

7도(패) 흑1에 대하여 백2의 젖힘에는 흑3이 경솔
하다. 백4, 6이 성립을 한다. 다음에 ㉮의 끊음이 있다.
패를 피할 수가 없다.

8도(가볍다) 백2에는 3이 패를 피하는 수이다.
흑3은 ㉮도 좋다.

결국 6도가 흑백간에 최선이다.

제103형 흑선

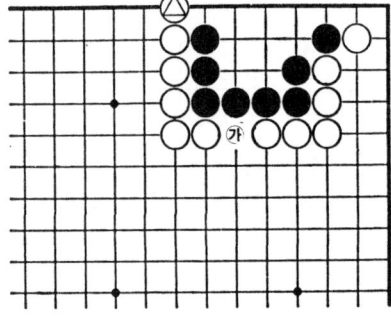

102형과 비슷
하다.

다만 백㉧의
내림과 ㉮의 공
배가 있다는 점
이 다르다. 귀
의 특수성이 있
는 곳이다.

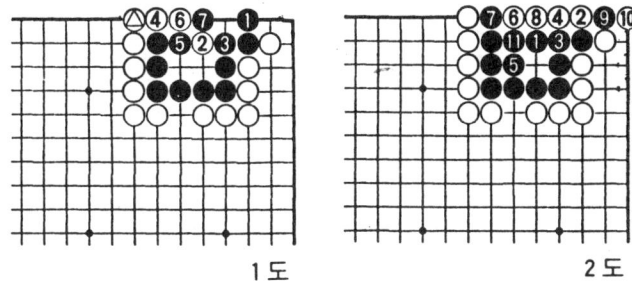

1 도 (패) 앞형과 비슷한 모양이다. 혹 1 의　내려섬을
생각할 수 있다.　지금은 백 2 가 성립을 한다.

결과는 패이다.

2 도 (정해)　지금의 모양에서는 혹 1 이 좋은 수이다.

백 2 에는 혹 3, 다음에　1까지 된다.

귀의 특수성의 활용이다.

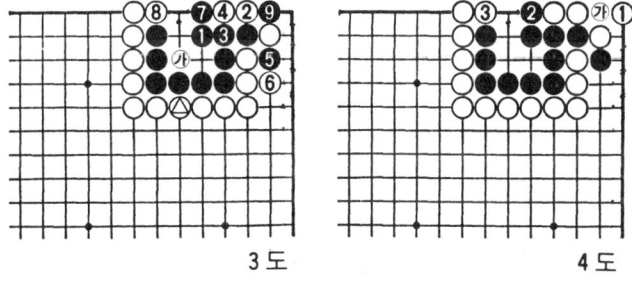

3 도 (변화)　❷ 로 되어서 공배가 없다면　9 까지 외길의
수순이다.　혹 5 의 끊음은 맥이다.

9 까기 된 다음의 싯점에서 ── ·

4 도 (묘수) 백 1 이 묘수이다.

혹 2, 백 3 으로 혹은 살수가 없다.　㋑의 곳을　때리면
되따낸다.

168

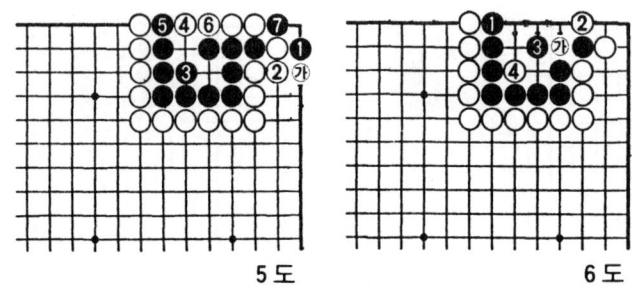

5 도　　　　　　　　　　　　　6 도

5도(패)　흑1의 붙임은 어떨까?

백2로 이어서 이하 7까지 패이다.

수단의 여지가 생기는 곳이다.

6도(무조건 살수 없다)　흑1은 백2 다음 3으로 받아서 무조건은 살수 없다.

제104형 백선

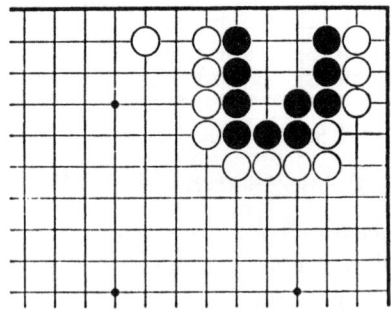

흑의 모양에 유의하여야 한다.

어떤 공격이 있을까? 무조건 잡아야 한다.

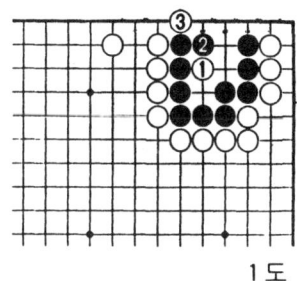 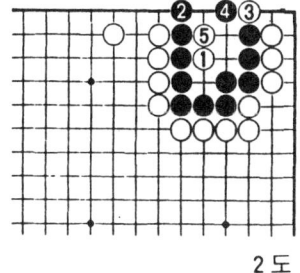

1 도   2 도

1도(평범) 백1에 흑2는 악수이다.

3으로 젖혀 간단히 죽는다.

2도(변화) 그래서 흑은 2로 궁도를 넓혀 본다.

이것도 3, 5로 5궁을 피할 수가 없다.

백1은 악수인데 흑의 응수에 문제가 있다.

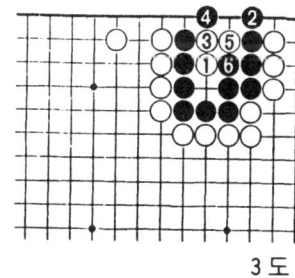 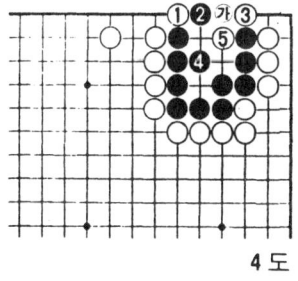

3 도   4 도

3도(빅) 백1에는 흑2로 궁도를 넓힌다.

흑6까지 빅이나는 모양이다.

4도(정해) 백1의 젖힘이 정해이다.

다음에 백은 3, 5로 둔다. 흑은 ㉮의 곳을 둘   수가 없다.

흑4로 ㉮는 5궁도화가 된다.

170

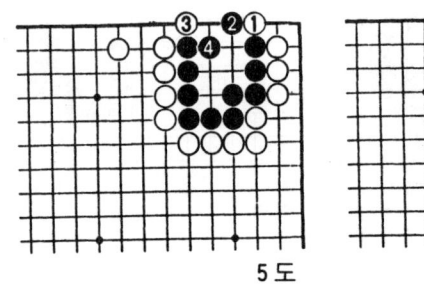 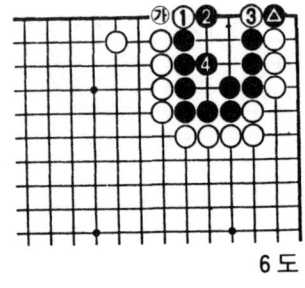

5 도 6 도

5 도 (패) 백 1 에서 3 은 수순이 나쁘다.

흑 4 로 간단히 살아버린다.

실패이다.

6 도 (변화) 4 도, 5 도 양도의 원칙에는 흑● 의 젖힘이 있다면 나중에 ㉮ 로 때려내어 산다.

제105형 백선

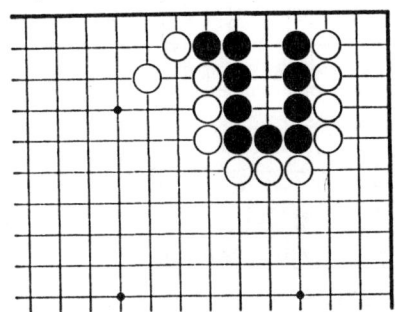

생각을 필요로 하는 곳이다. 간단히 잡는 방법이 있다.

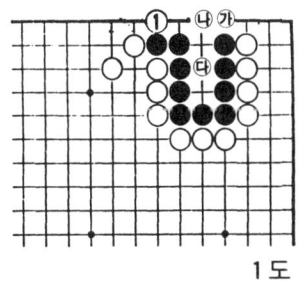

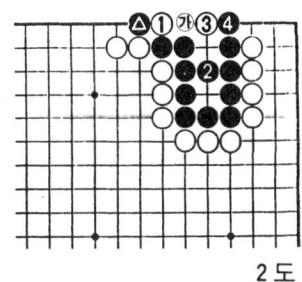

1 도

2 도

1 도 (정해) 백 1 의 젖힘으로 간단히 죽는다.

백 1 로 ㉮는 ㉯로 받아서 ㉰의 곳을 맞보기로 하여 산다.

2 도 (젖힘) 흑❷의 젖힘이 있는 곳이라면 백 1 은 흑 2 가 성립한다.

흑❷가 ㉮의 곳 움직임을 견제하고 있다.

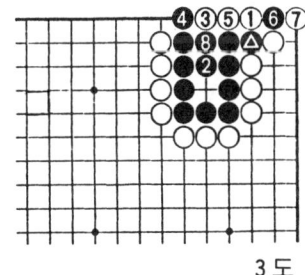

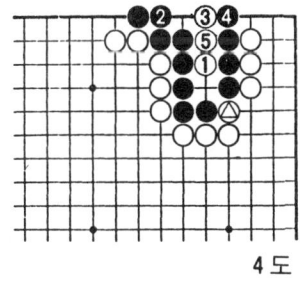

3 도

4 도

3 도 (삶) 반대쪽 방향에 흑❷가 있다면 귀의 특수성을 활용한다.

백 1 의 공격은 6 까지 사는 모양이 생긴다.

4 도 (빅이 아니다) 2 도의 변형으로 백△가 있다면 백 1 의 치중으로 죽는다.

5 까지 된 모양은 빅이 아니다.

제106형 백선

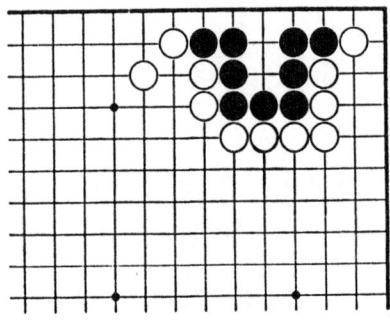

이런 모양은 어떨까?
귀의 관계를 유의하여야 한다.

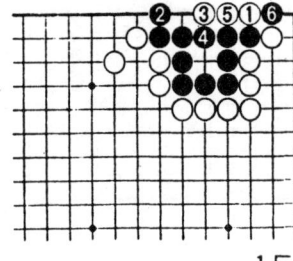

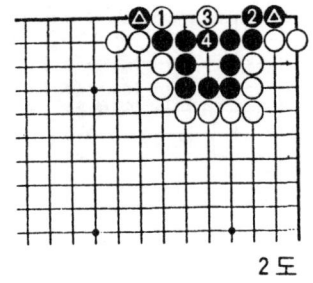

1 도   2 도

1 도(실패) 백 1 로 두는 것은 귀의 특수성을 염두에 두지 않는 수이다. 6 까지 사는 모양이다. 정해는 1 로 2의 방향을 공격한다.

2 도(양젖힘) 흑● 의 양젖힘이 있다면 흑이 사는 모양이 생긴다.

때에 따라서 변화가 된 모양이다.

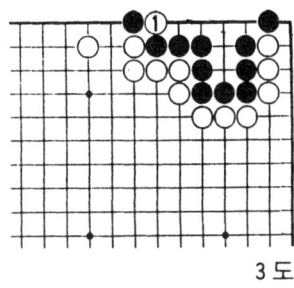 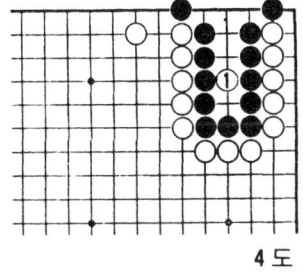

3 도   4 도

3도(변화도) 내측의 공간은 2도와 같다.

양젖힘에는 백1로 죽는다.

4도(같다) 이것도 2도, 3도와 같이 내측에서 공격을 한다.

결국 사활 법칙은 모양에 따라 조금씩 달리한다.

변화된 모양을 알고 있어야 한다.

제107형 흑선

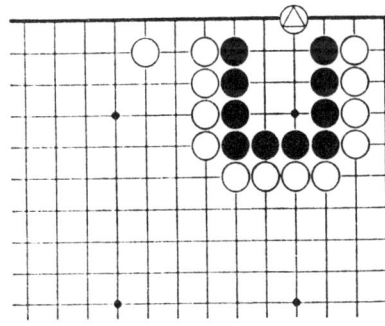

흑 모양에 백이 ◎로 들어와 있는 장면이다.

백◎의 좌우 연결을 염두에 두자.

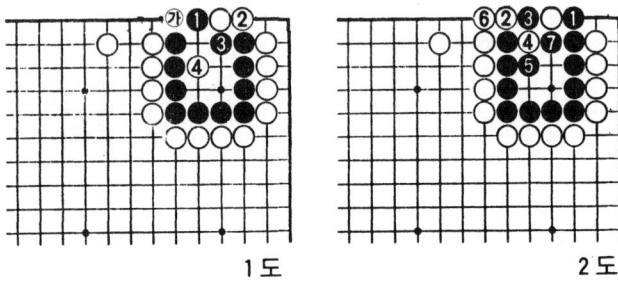

174

1도   2도

1도(5궁도화) 백 ㉮로 건너감을 방지하면 백 2로 되어서 흑 1은 실패이다. 백 2, 4로 5궁도화로 죽는다.

2도(정해) 소박한 흑 1이 정해이다. 백 2에는 3, 5, 7이 희생타를 이용한 삶의 길이다.

═══ 2의 1의 호수 ═══

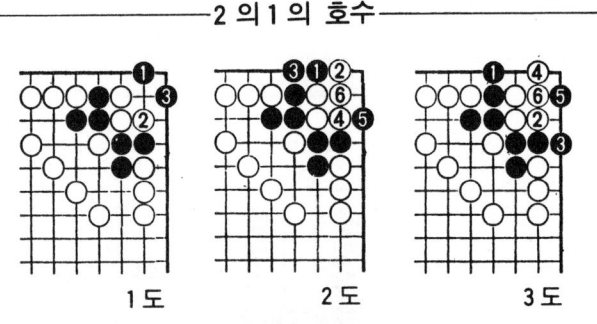

1도   2도   3도

귀의 사활은 2의 1에 있다는 격언이 있다.

1도(삶) 흑 1, 3의 연타가 경묘하여 산다. 1의 1에 집이 생긴다.

2도(평범) 흑 1은 평범하다. 6까지 5궁도화로 죽는다.

3도(같다) 흑 1로 같다. 백 2 이하로 죽는다.

제3장

한집 만들기
한집 없애기

부분적인 모양이지만 한집을 낼 수 있을 것인가를 아는 것은 사활에 큰 변화를 가져온다.

이 장에서는 실전에 자주 나타나는 모양을 나타냈다. 한집을 내는 것과 **빼앗**는 것의 학습이다. 주위의 상황이나 배석에 대하여 생각해 보아야 한다.

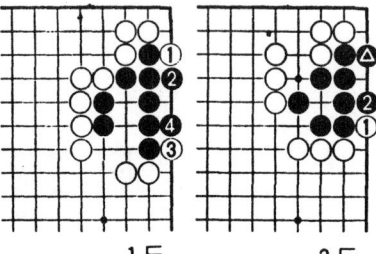

1 도   2 도

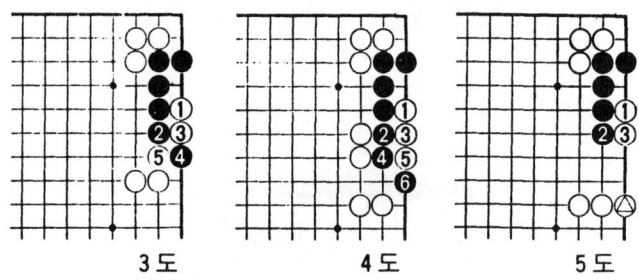

3 도   4 도   5 도

1 도(5점은 1집) 2선에 늘어서 있는 5점은 1집이 생긴다는 증거이다.

2 도(내려섬) 한쪽에 흑●의 내려섬이 있는 4점이라면 이것도 1집이 생긴다.

3 도(집이 안됨) 초심자가 착오하는 곳이다. 백1에는 이하 5까지 집이 안된다.

4 도(3점) 전도에서 하나 더 전진을 하여 3점일때는 1집이 생긴다.

5 도(집 없다) 거리는 같지만 백△돌이 있다면 백1의 붙임에 집이 생기지 않는다.

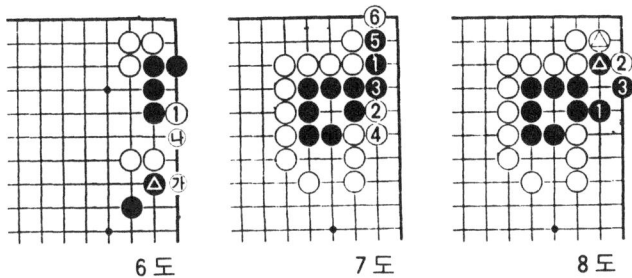

6 도   7 도   8 도

6 도(집 없다) 흑●의 원군이 있어도 선수가 아니면 집이 안된다. 흑㉮는 백㉯이다.

7 도(흑사) 3 선에 돌이 있는 경우이다. 젖힘이 한집을 만드는데 영향을 미친다.

8 도(패) 흑●와 백◎의 교환이 있는 경우 1, 3 으로 패이다.

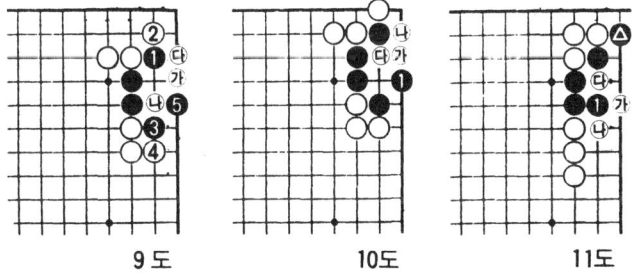

9 도   10도   11도

9 도(양젖힘) 흑 1, 3 의 양젖힘은 1 집이 생긴다.

흑 5 다음에 ㉮는 ㉯, ㉰는 그냥 잇는다.

10도(귀의 특수성) 이런 모양에서는 흑 1 이다.

흑㉮로 두면 백㉯의 패가 있다.

11도(1 집) 흑●의 젖힘이 있다면 흑 1 이다. 다음에 ㉮로 1 집이다. 1 을 ㉯로 젖히면 ㉰의 끊음이 있다.

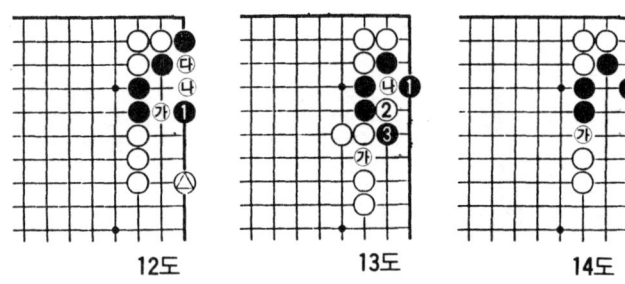

12도   13도   14도

12도 (1집) 백△가 있다면 흑1이 정착이다.

1로 ㉮는 백㉯, 흑㉰, 백1로 집이 생기지 않는다.

13도 (성립) ㉮의 곳에 백돌이 없다면 흑1로 1집이
다. 백2의 젖힘에 대하여는 3의 끊음이 성립을 한다.
흑1로 3의 젖힘을 서두르는 것은 백㉯의 끊음이 있다.

14도 (같다) 백㉮가 없다면 흑1로 1집이다.

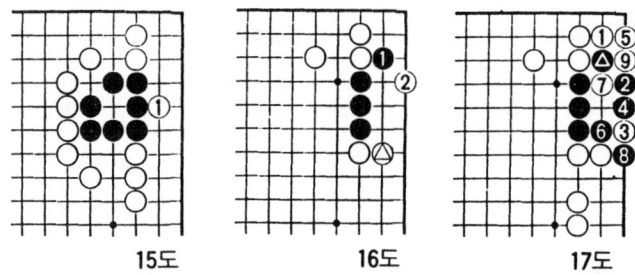

15도   16도   17도

15도 (3점) 3점에 대하여는 백1이 급소이다. 한집이
생기지 않는다.

16도 (맥) 백△가 있다면 흑1의 젖힘에는 백2가 맥
이다.

17도 (맥) 흑●의 젖힘에 대하여 백1은 3, 5로 되어
눈을 빼앗는다. 3, 5, 7은 관련된 맥이다.

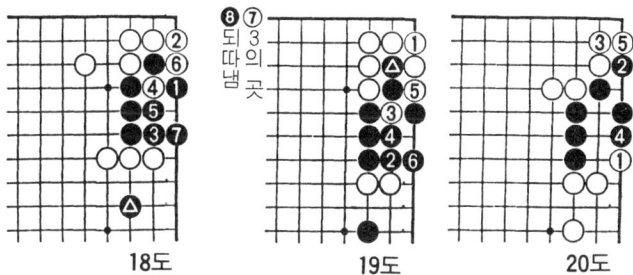

18도   19도   20도

18도 (패) 흑◉의 돌이 있다면 전도(백 2 로 7)의 맥
은 성립하지 않는다. 이때 백 2 의 내려섬이 좋다. 3 으로
두어서 이하 7 까지 패가 나는 모양이다.

19도 (1 집) 흑◉로 되어 있다면 8 의 되따냄으로   1
집이 생긴다. 패가 생기지 않는다.

20도 (패) 백 1 에 흑 2 는 3 , 5 로 패가 나는 모양이다.

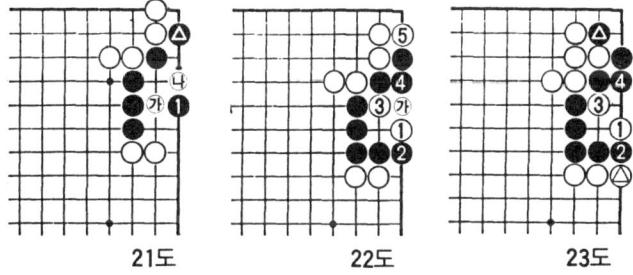

21도   22도   23도

21도 (맥) 흑◉의 젖힘이 있다면 흑 1 로 1 집이 된다.
흑 1 로 ㉮는 ㉯의 치중으로 집이 안된다.

22도 (변화) 백 1 의 들여놓음에서 3 , 5 로 3 점을 끊어
잡는다. 1 로 3 의 곳을 두는 것은 흑 ㉮로 패가 나는 모
양이다.

23도 (모양인가……) 전도에서 흑◉와 백◎가   있다
면 백 1 , 3 으로 움직여도 흑을 잡을 수 없다.

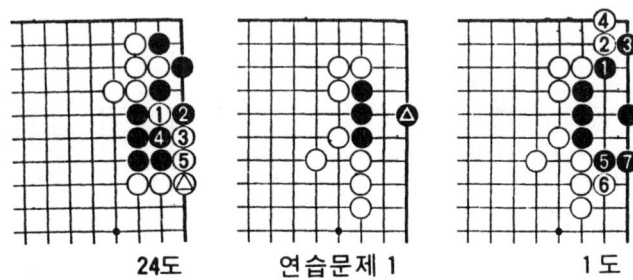

| 24도 | 연습문제 1 | 1 도 |

24도 (맥) 지금의 도에서는 백 △ 가 있어 **1, 3, 5** 로 집을 빼앗는다.

연습문제 1. 흑선

이 흑은 살 수가 있다. 흑 ● 를 이용하여 상하에 1 집을 만든다.

1 도 (삶) 흑 **1, 3** 을 선수로 한 다음에 **5, 7** 로 되어서 사는 모양이다.

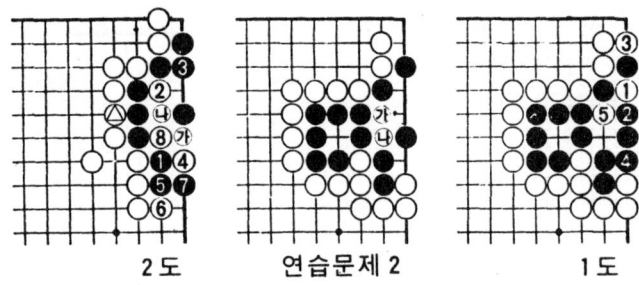

| 2 도 | 연습문제 2 | 1 도 |

2 도 (묘수) 백 △ 표의 공배가 메워져 있다면 흑 **1** 의 젖힘에는 백 **2, 4** 가 묘수이다. 백 **8** 로 양단수가 된다.

흑 **7** 로 ㉮ 는 백 ㉯, 흑 **8**, 백 **7** 까지 죽는다.

연습문제 2. 백선

백 ㉮ 나 ㉯ 로는 잡을 수가 없다.

1 도 (정해) 백 **1** 로 먹여친다. 다음에 **3** 으로 조인다.

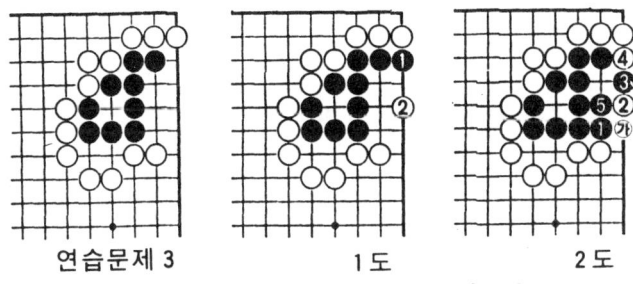

연습문제 3   1 도   2 도

연습문제 3 . 흑선 신중하게 1집을 내보자.

1 도(실패) 흑 1 의 내려섬에는 백 2 의 날일자가 호수
이다.

2 도(패도 실패) 흑 1 에는 백 2 의 치중이 좋은 수이다.
흑 5 까지 패가 나는 모양이다. 흑 3 으로 ㉮는 백 4 로 연
락이 된다. 백 2 로 3 의 방향은 흑 4 로 집이 된다.

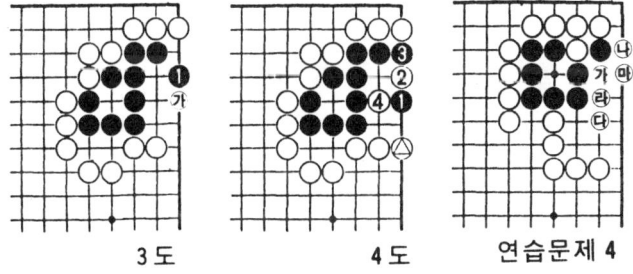

3 도   4 도   연습문제 4

3 도(정해) 흑 1 의 마늘모가 정착이다. 다음 ㉮로   1
집이 확보된다.

4 도(수가 남는다) 바깥에 백㉮ 가 있다면 흑 1 은 2 ,
4 의 수가 남는다.

연습문제 4 . 흑선

여기에서 흑은 어떻게 1집을 낼까? ㉮에서 ㉺까지 생
각할 수 있는 곳이다.

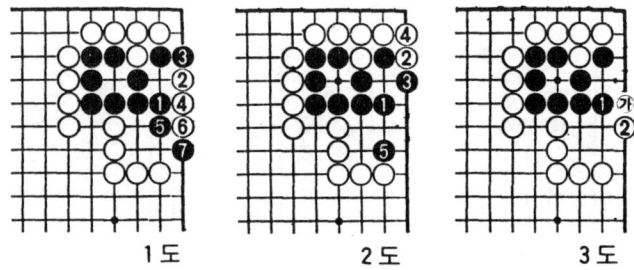

1 도　　　　　2 도　　　　　3 도

1도(1집) 흑1은 패를 엿보는 수이다.

백2의 치중에는 7까지 1집이 난다.

2도(패) 백2에 흑3의 젖힘은 예정된 수순이다.

흑5까지 패가 날 자리이다.

3도(호수) 백2가 호수이다. 백2로는 ㉮의 곳 붙임

도 있다.

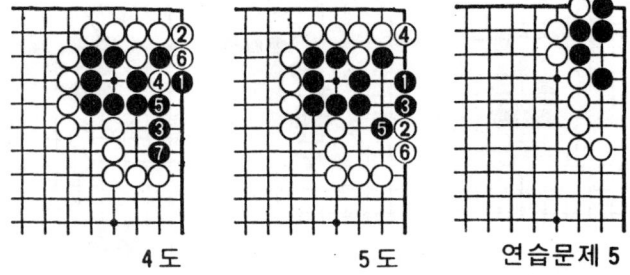

4 도　　　　　5 도　　　　연습문제 5

4도(유력) 흑1의 호구는 가장 유력하다. 백2에 이

하 7까지 패가 나는 모양이다.

5도(변화) 여기서 흑1에 백2는 급소이다. 백4까지

관련이 되어 흑은 살지 못한다. 연습문제 4는 결국 살지

못한다.

연습문제 5. 백선

백선으로 어떤 수단의 여지가 있을까 생각을 해보자.

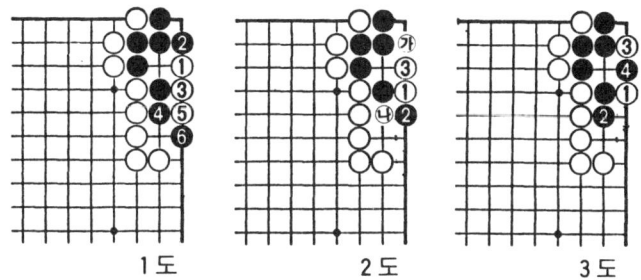

1도 (실패) 백1의 치중에는 이하6까지 산다.

2도 (맥) 백1이 맥점이다. 흑2에는 백3으로, 다음에 ㉮와 ㉯가 맞보기로 죽는다.

3도 (정해) 그래서 흑은 2의 곳을 뻗어 나온다.

백3에 4로 집어 넣어서 패이다.

2선에서의 1집을 생각해 보자.

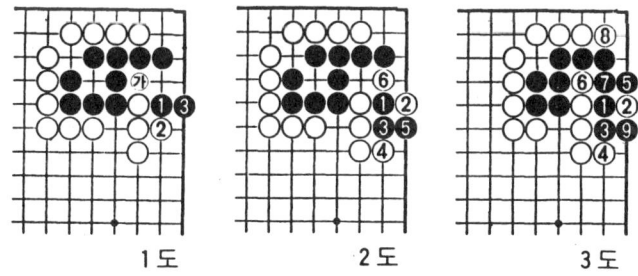

1도 (1집) 흑1의 붙임에 백2로 되어서 1집이다.

흑3으로 ㉮는 속맥이다. 백3의 젖힘이 있다.

2도 (집이 없다) 흑1에 백2가 맥이다. 3, 5가 나쁜 수이다.

3도 (냉정) 흑5로 되돌아가는 것이 냉정한 수이다. 8 9가 맞보기로 1집이다.

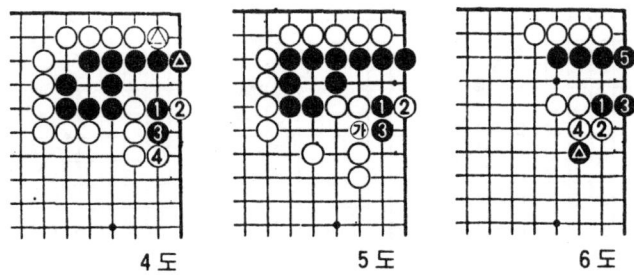

4 도　　　　　　5 도　　　　　　6 도

4 도(맥) 백◎와 흑●의 교환이 있다. 흑 1 에는 백 2 의 맥이 성립한다. 백 4 까지 그만이다.

5 도(불성립) ㉮의 곳에 공배가 있다면 ㉮의 곳 붙임은 성립하지 않는다. 흑 3 의 뻗음이 명쾌하다.

6 도(변화) 흑●가 있다면 흑 1, 3 이 선수이다. 흑 5 까지 간단히 산다.

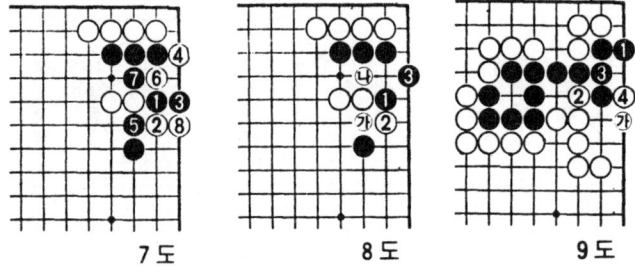

7 도　　　　　　8 도　　　　　　9 도

7 도(변화) 흑 3 의 내림, 백 4, 다음 5 의 끊음이 있다. 여기서는 흑 3 이 나쁘다.

8 도(지킴) 흑 3 의 지킴은 정수이다. 다음 ㉮와 ㉯가 맞보기의 수이다.

9 도(1 집이 안됨) 이 모양에서는 흑 1 로 두어도 1 집이 안된다. 흑 1 은 백 2, 4 로 그만이다.

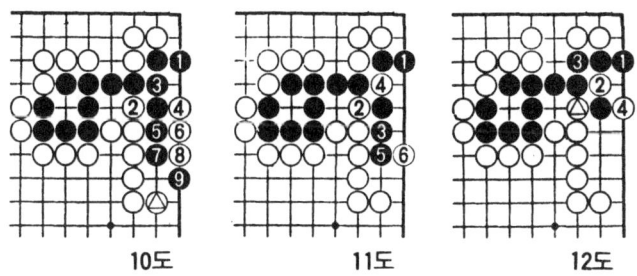

10도　11도　12도

10도 (변화) 백△가 전도에 비해 한 길이 멀다.
흑 1 로 1 집이 된다.

11도 (변화) 백 2 에 흑 3 은 성급한 수이다. 4 에서 6
까지 집이 안된다.

12도 (공배) 전도에 비하여 백△에 공배가 없다면 2,
4 의 맥이 성립을 한다. 주위와 관계가 있다.

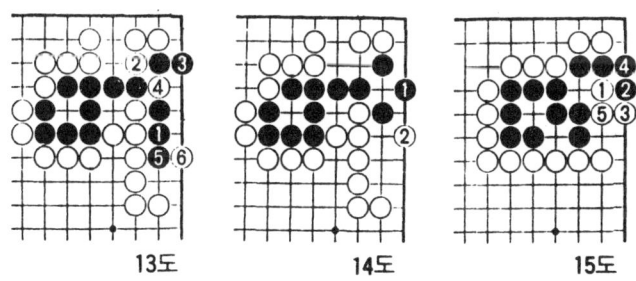

13도　14도　15도

13도 (집이 안됨) 흑 1 로 두는 것은 백 2 가 급소이다.
4, 6 으로 약점을 찌른다.

14도 (변화) 흑 1 도 백 2 의 치중으로 그만이다. 이 모
양은 1 집이 나지 않는다.

15도 (백성공) 새로운 모양이다. 백 1 이 눈을 빼앗는다.
흑 2 는 악수. 3, 5 까지 백의 성공이다.

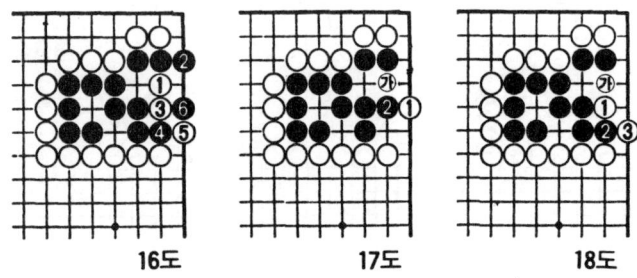

16도   17도   18도

16도 (실패) 백 1 에는 흑 2 가 좋은 수이다.

이하 흑 6 까지 실패이다.

17도 (맥인가?) 백 1 의 붙임은 맥인가? 흑 2 로 응수

하여 집을 빼앗을 수가 없다.

18도 (정해) 백 1 의 붙임이 좋다. 3 까지 간단하다.

㉮의 방면에 먼저 두지 않는다.

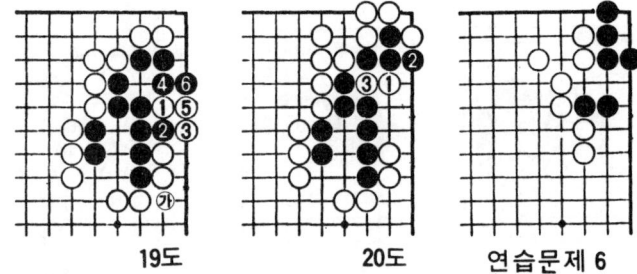

19도   20도   연습문제 6

19도 (1 집) 백에 ㉮의 곳에 단점이 있다면 백 1 은 성

립하지 않는다. 6 까지 추락이 된다.

20도 (1 집 안됨) 귀의 관계에 있어서는 백 1 의 붙임이

성립한다.

연습문제 6 . 백선

백이 변에서 흑의 1 집을 빼앗아야 한다. 지금까지 배

운 것을 복습하면 간단하다.

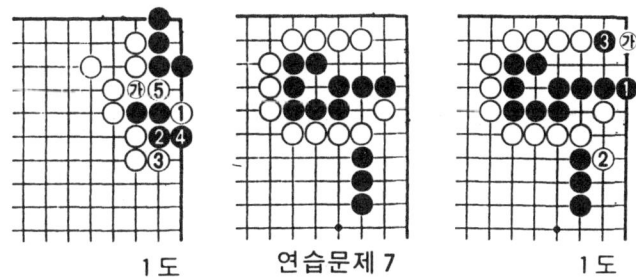

1 도   연습문제 7   1 도

1 도(정해) 백 1 의 붙임이 좋은 수이다. 흑 2, 4 에 는
백 5 까지 그만이다. ㉮의 곳을 누를 수가 없다.

연습문제 7. 흑선

어떻게 두어야 1 집을 낼 수 있을까? 아래쪽의 흑과
관련지어 생각하자.

1 도(정해) 흑 1 의 내려섬이 정해이다.

백 2 에는 3 으로 둔다. 백 ㉮는 맥이 아니다.

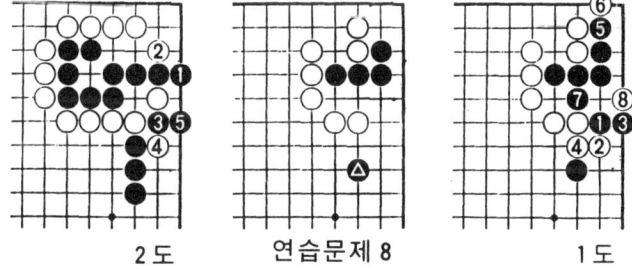

2 도   연습문제 8   1 도

2 도(변화) 백 2 로 방해를 하면 흑 3, 5 가 일련의 수
순이다. 기억해 두기 바란다.

연습문제 8. 흑선

흑 ●를 활용하면 살 수가 있다.

물론 직접 건넘은 안된다.

1 도(부족) 흑 1 이 제 1 감인데 이것은 8 까지 부족하다.

188

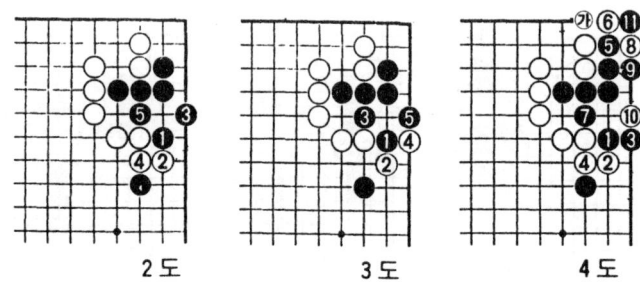

2 도　　　　　　3 도　　　　　　4 도

2 도(정해) 흑 1 의 붙임에서 3 의 물러섬이 맥이다.

5 까지 최소 범위로 산다. 백 4 로 5 는 흑 4 의 끊음이 성립한다.

3 도(속맥) 흑 1, 3 은 속맥이다. 5 까지 패가 난다.

4 도(백의 실패) 백의 실패의 예이다. 1 도의 8 까지 된 다음 10으로 두는 것은 11까지 된다. 11에 백이 ㉮ 로 이으면 패이다.

─── **좌우동형은 중앙에 수가 있다** ───

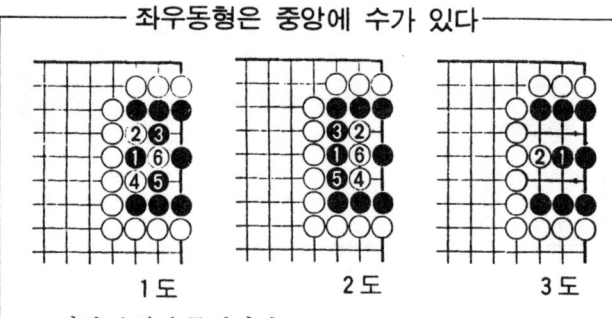

1 도　　　　　　2 도　　　　　　3 도

사활의 응용문제이다.

1 도(패) 흑 1 로 두는 것은 패의 수단이다.

2 도(빅) 백 2, 4 는 악수이다. 빅으로 산다.

3 도(죽음) 같은 중앙이지만 흑 1 은 백 2 로 실패 이다.

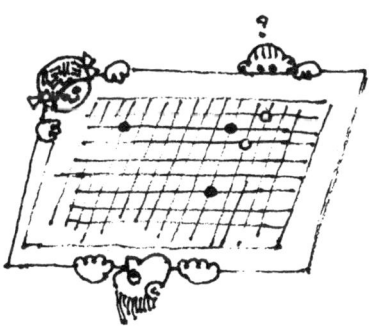

제 4 장

응용문제

문제 1 흑선

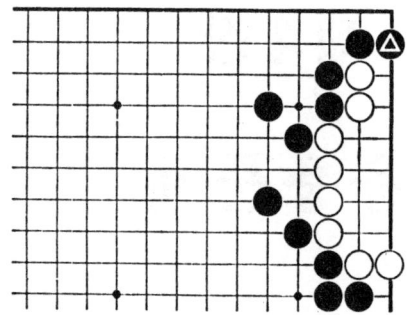

혹이 ◉로 강하게 내려섰다. 백을 잡는 공격 수단은?

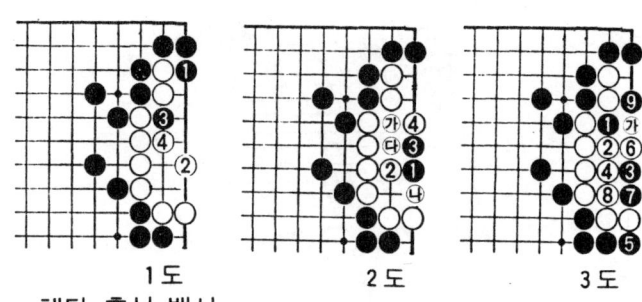

1도   2도   3도

해답 흑선 백사

1도(실패) 흑 1은 백 2가 급소의 수비이다. 4까지 사는 모양이다.

2도(삶) 흑 1엔 백 2가 강수이다. 백 4까지 사는 모양이다. 흑 3으로 ㉮의 곳 끊음은 백 ㉯로 산다.

3도(정해) 흑 1의 끊음이 정해이다. 다음 3의 치중이 바른 수순이다. 이하 9까지. 백 2로 ㉮도 흑 3이다.

문제2 흑선

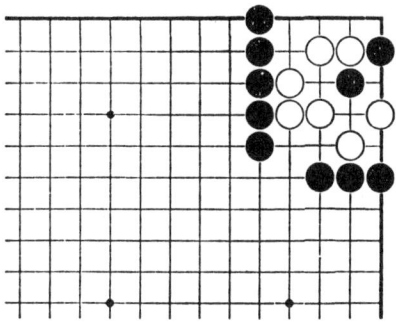

여기에도 미묘한 수순이 있다.

빅이 나는 것을 주의하여야 한다. 최후로 눈을 빼앗는 수순이 중요하다.

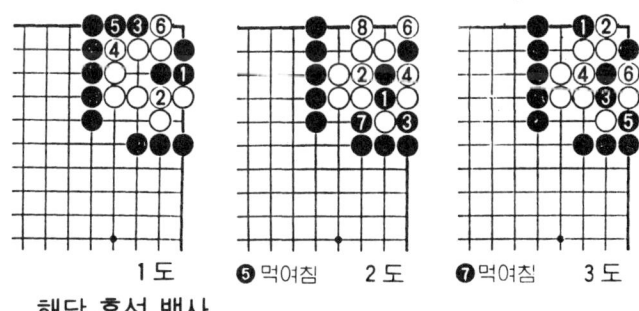

1 도   2 도 ❺먹여침   3 도 ❼먹여침

해답 흑선 백사

1도(빅) 흑1의 이음은 이하 6까지 빅이 나오는 모양이다.

2도(삶) 흑1은 3, 5로 눈을 빼앗는다. 그러나 이것은 8까지 사는 형태다.

3도(정해) 알고 보면 간단하다. 흑1, 백2의 교환에서 3이하 5까지 백이 죽는 모양이다.

문제 3 흑선

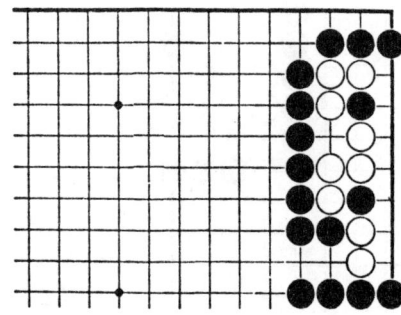

두는 곳은 여러곳이 있다. 백 모양을 압박하는 수가 필요하다. 흑의 세번째 수가 좋은 수이다.

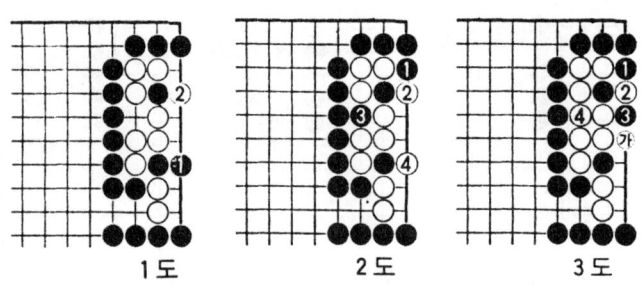

1 도   2 도   3 도

해답 흑선 패

1 도(삶) 흑 1 에는 백 2 로 산다. 흑 1 로 2 의 곳을 내려서는 것은 백 1 로 산다. 1 과 2 의 맞보기 관계이다.

2 도(1보) 흑 1, 3 은 공부가 필요하다. 백 4 로 실패이다. 3 점을 잡을 수밖에 없다.

3 도(정해) 흑 3 이 좋은 수이다. 백 4 가 최강으로 패이다. 백 4 로 ㉮는 흑 4 로 무조건 죽는다.

문제4 흑선

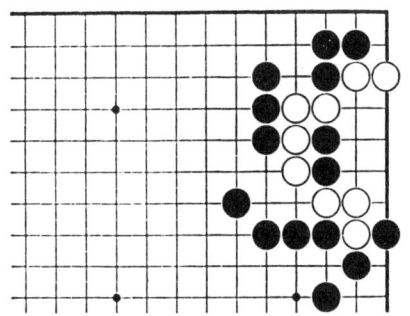

수순이 중요하다.

안이한 생각으로는 실패하기가 쉽다.

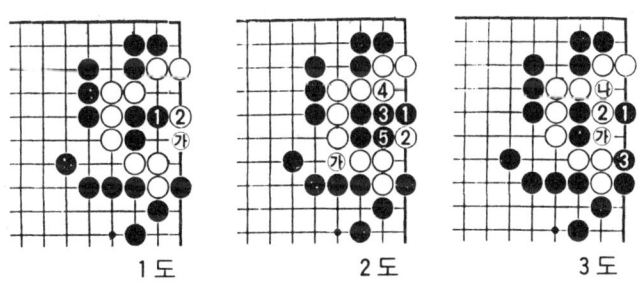

1 도   2 도   3 도

해답 흑선 백사

1 도(실패) 혹1에는 백2로 둔다. 혹1로 ㉮도 백1로 실패이다.

2 도(정해) 혹1의 치중이 급소이다. 이하 5까지 5궁도화의 모양이다. 백4로 5는 ㉮의 공배를 유의.

3 도(변화) 혹1에 백2는 혹3으로 연락을 한다. 또한 백2로 ㉮는 흑㉯의 끊음이 성립을 한다.

문제 5 흑선

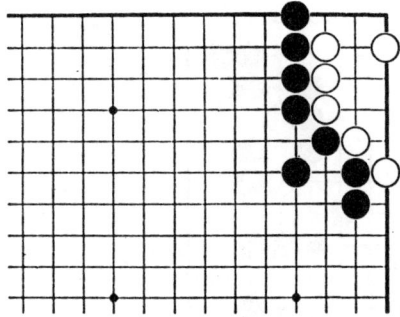

백의 자세는 어떻게 하든 쓸쓸하기 그지없다.

패에 주의하여 무조건 죽음을 생각해야 한다. 3수째가 호수(好手)이다.

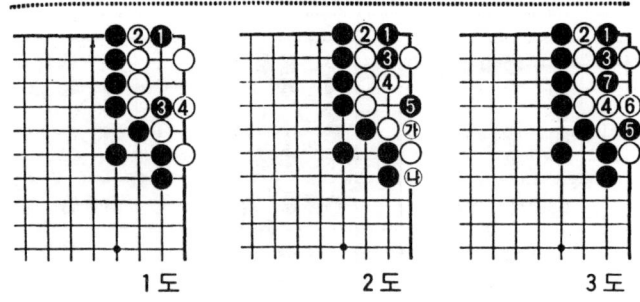

| 1 도 | 2 도 | 3 도 |

해답 흑선 백사

1 도 (패) 흑 1 이 2 의 1 이 급소이다. 흑 3 의 끊음은 공부가 부족하다. 백 4 로 패가 되어서는 실패이다.

2 도 (정해) 흑 3 으로 나오는 것이 좋은 수이다. 흑 5 까지 백이 죽는다. 계속하여 백 ㉮는 흑 ㉯이다.

3 도 (변화) 백 4 의 이음에는 흑 5, 7 로 간단히 죽는다. 흑 3 이 어려운 점이다. 이점이 묘수이다.

문제6 흑선

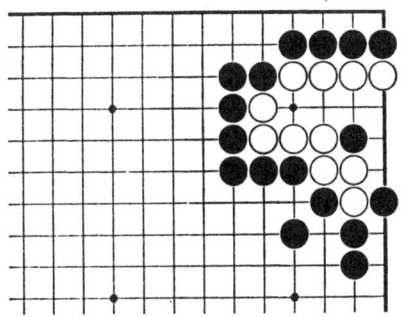

좁은 범위이
지만, 무심코 지
나쳐 버리기 쉬
운 곳이다.

단순함 속에
서 의외로 변화
가 있는 법이다.

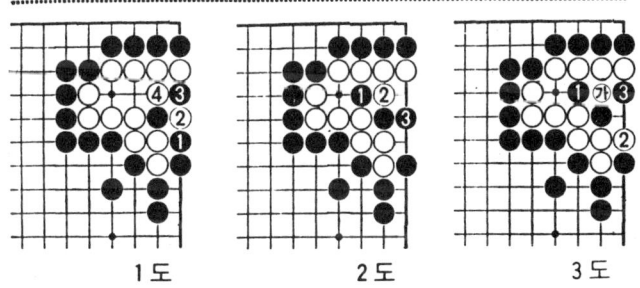

1 도   2 도   3 도

해답 흑선 백사

1 도(실패) 흑 1 은 단순하다. 백 2, 4 로 추락이다.

2 도(정해) 흑 1 이 정해로 맥이다. 백 2 에는 흑 3 으로
내려선다. 백은 자충이다.

3 도(변화) 흑 1 에 백 2 로 두는 것은 흑 3 의 마늘모가
좋은 수이다. 흑 3 으로 경솔하게 ㉮의 곳을 두는 것은 백
3 으로 빅이 나는 모양이다.

문제7 흑선

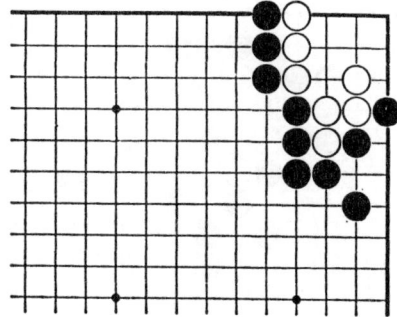

쉬운 문제이
다. 여기에는 간
단히 잡을 수 있
는 급소가 있다.
무조건 이긴
다고 생각해서
는 금물.

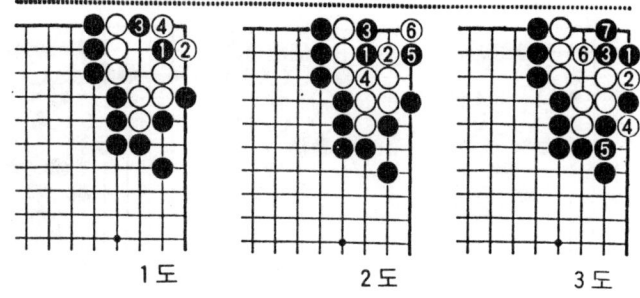

1 도   2 도   3 도

해답 흑선 백사

1 도(패) 흑 1 의 붙임은 제 1 감이다. 백 2 에는 3 으로
된다음 4 로 패이다. 무조건 잡아야 한다.

2 도(실패) 흑 1 에서 3, 5 로 두는 것은, 백 6 이 좋은
수여서 성립이 안된다.

3 도(정해) 흑 1 이 정수이다. 흑 5 는 냉정하다.   7 까
지 죽는다.

문제8 흑선

맹점(盲点)이 있다. 정확하게 읽고 백을 잡아 보자.

급하게 서두르지 말고 패를 생각해 보자. 물론 패가 정해일 수는 없다.

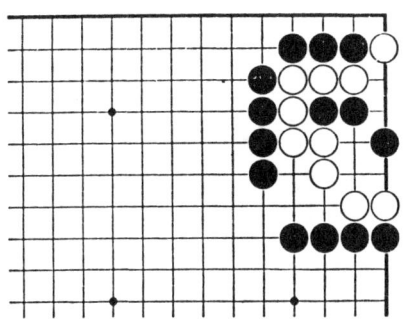

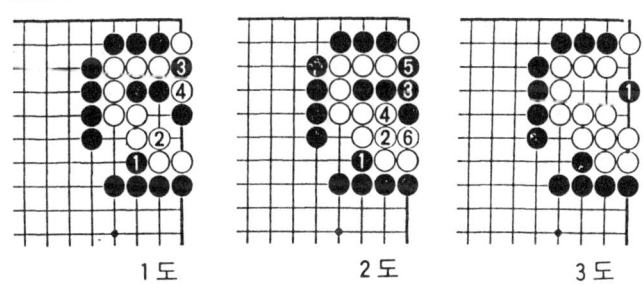

1 도   2 도   3 도

해답 흑선 백사

1도(패) 흑1, 백2의 교환은 백4까지 패가 나는 수순이다.

2도(정해) 흑3으로 이어둠이 좋은 수이다. 백4에는 5로 부딪혀 나간다. 이것은 5궁의 모양이다.

3도(계속) 계속하여서 흑1의 치중으로 죽는다.

문제9 흑선

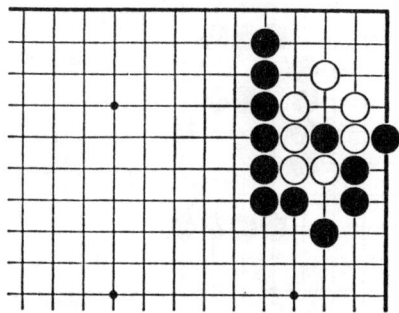

귀의 한 눈을 빼앗는 것이 문제이다.

무조건 죽일 수는 없다.

첫수(初手)의 공부를 요하는 문제이다.

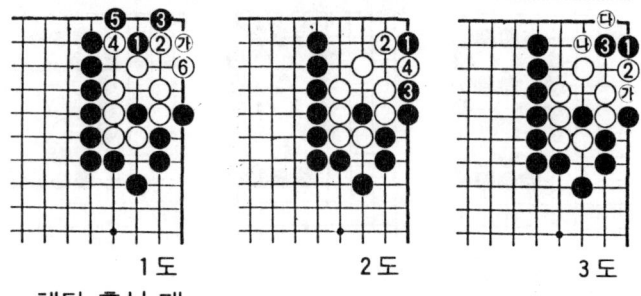

1 도   2 도   3 도

해답 흑선 패

1 도(실패) 흑 1, 3 으로 두는 것은 흑 5, 백 6 까지 패가 난다. 흑 ㉮ 로 두는 것은 양패로 사는 모양이다.

2 도(정해) 흑 1 의 치중이 급소이다. 백도 2 의 한수이다. 4 까지 패가 정해.

3 도(변화) 백 2 는 악수의 받음이다. 백 2 로 ㉮ 를 두는 것은 흑 ㉯, 백 3, 흑 ㉰, 백 2 로 2 단패이다.

문제10 흑선

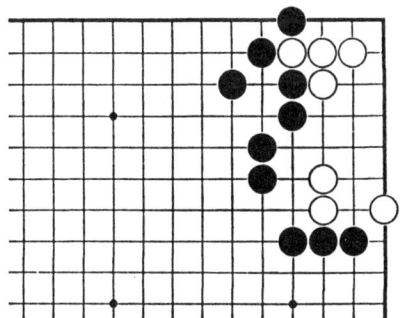

3·3성석의 변화된 모양이다.

비교적 넓게 보이는 곳이지만, 급소를 찔러 멋있게 해치울 수 있다.

과연 멋진 수는?

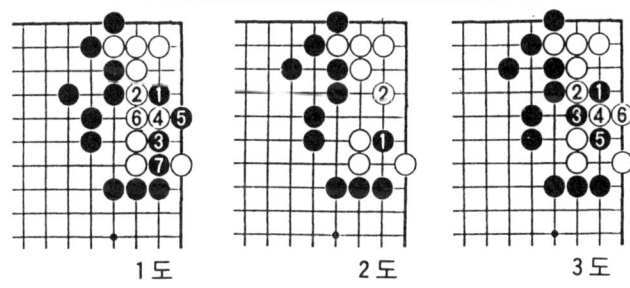

1 도   2 도   3 도

해답 흑선 백사

1도(정해) 흑 1은 급소의 일격이다. 계속하여 3이 관련이 된 수이다. 6의 때림과 7의 이음이 맞보기이다.

2도(수순이 나쁘다) 먼저 흑 1은 백 2의 곳을 두어서 산다.

3도(실패) 흑 1에서 3은 이 맥이다. 백 4, 6으로 패도 나지 않는다. 정해도 1, 3의 수순을 택해야 한다.

문제11 흑선

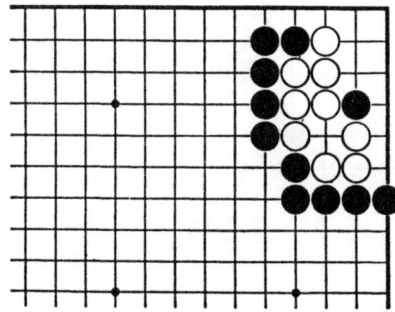

일견, 백의 모양은 재미있다.

정확하게 이끌어서 넘어가야 한다.

마지막 수순까지 연구해 보자.

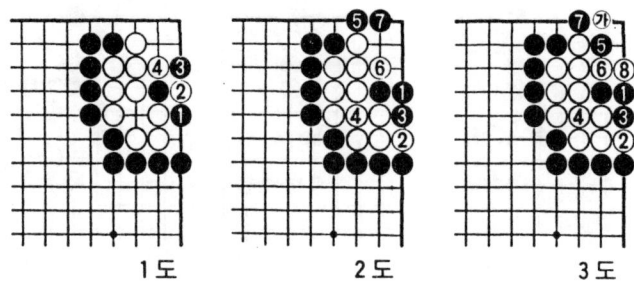

1 도   2 도   3 도

해답 흑선 백사

1 도(패) 흑 1 의 건넘은 백 2, 4 로 패를 피할 수가 없는 곳이다. 충분하지가 않다.

2 도(정해) 흑 1 이 급소이다. 다음 5, 7 이 냉정한 수로 정해이다.

3 도(실패) 흑 5 는 경솔하다. 백 6, 8 로 3 점을 잡은 다음 ㉮의 곳을 맞보기로 하여 산다.

문제12 흑선

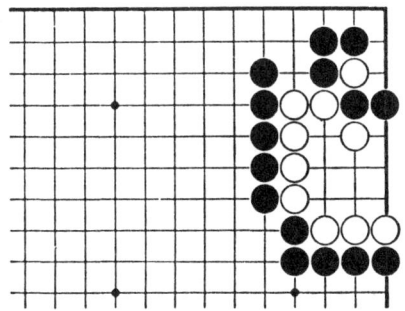

백을 잡는 묘수가 있다.

순간적으로 공배를 메우게 하여, 백을 잡는 수를 연구해 보자.

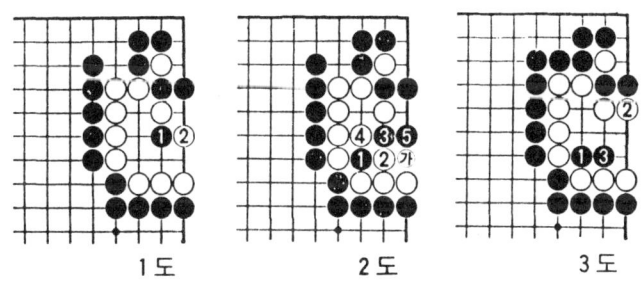

| 1 도 | 2 도 | 3 도 |

해답 흑선 백사

1 도(실패) 흑 1 은 맥과 같으나 사실은 실패이다. 백 2 로 받으면 다음 수가 없다.

2 도(정해) 흑 1 로 끊어서 백 2 를 유도한다. 다음 3, 5 로 두어서 자충을 이용한다. 백 2 로 5 는 흑 2, 백 ㉮, 흑 4 까지 된다.

3 도(변화) 백 2 는 3 으로 죽는다.

문제13 흑선

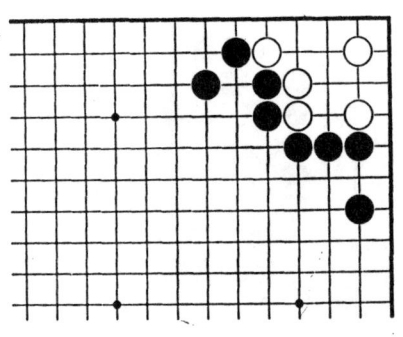

갇혀있는 백이지만, 정확하게 공격을 하지 않으면 무조건 잡는다고 볼 수 없다.

실전(実戰)에서는 패가 되는 경우도 생기게 된다.

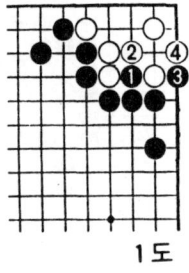

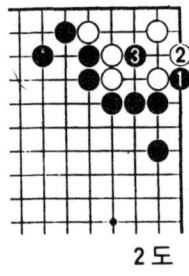

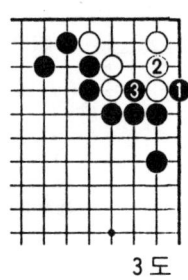

1 도　　　　　2 도　　　　　3 도

해답 흑선 백사

1 도(패) 흑 1 로 나가서 3 의 젖힘은 실패다.

2 도(정해) 흑 1 의 젖힘부터 시작하는 것이 수순이다. 백 2 는 당연하다. 첫 수에 이은 흑 3 의 붙임이 결정타이다.

3 도(변화) 흑 1 에 백이 2 로 받으면, 이런 모양에서는 흑 3 으로 가만히 밀어 둔다.

한집만들기 한집없애기

2011년 8월 20일 인쇄
2011년 8월 30일 펴냄

지은이/ 高木祥一
옮긴이/ 프로바둑연구회
펴낸이/ 최 상 일
펴낸곳/ 太乙出版社
서울특별시 중구 신당6동 52-107 (동아빌딩내)
등록/1973년 1월 10일(제4-10호)

＊잘못된 책은 구입하신 곳에서 교환해 드립니다.

■주문 및 연락처

우편번호 100-456
서울특별시 중구 신당6동 52-107 (동아빌딩 내)
전화 / 2237-5577 팩스 / 2233-6166
ISBN 89-493-0338-8   13690